Gerd Baumann, Michael Baumgart, Werena Busker, Alfred Geltinger, Axel Jähring, Volker Kähler, Kay Sanmann, Inka Schliebner

Logistische Prozesse
Berufe der Lagerlogistik

Arbeitsheft mit praktischen Übungen

9. Auflage
Gültig ab der 20. Auflage des zugehörigen Lehrbuchs

Bestellnummer 31534

Bildungsverlag EINS
westermann

service@bv-1.de
www.bildungsverlag1.de

Bildungsverlag EINS GmbH
Ettore-Bugatti-Straße 6-14, 51149 Köln

ISBN 978-3-427-**31534**-6

westermann GRUPPE

Vorwort

Das vorliegende Arbeitsheft ist für Auszubildende in den Ausbildungsberufen Fachlagerist und Fachkraft für Lagerlogistik erstellt und soll das im selben Verlag erschienene Fachbuch **Logistische Prozesse** (Bestellnummer 31530) ergänzen.

Das Arbeitsheft ist so aufbereitet, dass es von der Lehrkraft zur Erarbeitung des Unterrichtsstoffes wie auch zur Lernzielsicherung des vermittelten Wissens eingesetzt werden kann. Es kann aber auch zur selbstständigen Erarbeitung, zur Wiederholung und Vertiefung des Lernstoffes genutzt werden.

Das Arbeitsheft deckt weitgehend die Inhalte der Lernfelder 1 bis 11 der KMK-Rahmenlehrpläne ab. Damit dient die Erarbeitung der Arbeitsblätter auch als Vorbereitung auf die Abschlussprüfung in beiden Berufen.

Die im Arbeitsheft verwendeten unterschiedlichen Aufgabenarten sollen bei der Bearbeitung die Methodenkompetenz erhöhen und den Auszubildenden ein abwechslungsreiches Arbeiten ermöglichen. Neben offenen Fragen sind Rechenaufgaben, Multiple Choice, Zuordnungsaufgaben, Reihenfolgeaufgaben, Kreuzworträtsel und Silbenrätsel zu lösen sowie Abbildungen, Schaubilder, Landkarten und Gesetzestexte zu bearbeiten.

Ein Teil der Aufgaben ist ohne Hilfe zu lösen, bei anderen Aufgaben soll das Fachbuch zu Hilfe genommen werden. Vielfach führt auch ein Nachlesen in Gesetzestexten oder der Aufruf einer Internetadresse zur Lösung der Aufgabe. Handlungsorientierung soll zusätzlich auch durch die Bearbeitung praxisnaher Situationsaufgaben sowie durch praktische Übungen gefördert werden.

Das Arbeitsheft ist für Einzel- und Gruppenarbeit gleichermaßen einsetzbar.

Der Einsatz des Arbeitsheftes in der Klasse erspart dem Lehrer Vorbereitungszeit und Kopierarbeit und vermindert für die Schüler die häufig zeitaufwendige Schreibarbeit. Selbstverständlich bleibt es der Lehrkraft überlassen, weitere Schaubilder, Texte, Tabellen, Situationsaufgaben und Themenbereiche in den Unterricht einfließen zu lassen.

Das Autorenteam ist für Anregungen und Kritik dankbar und hofft, Lehrern und Auszubildenden mit dem Arbeitsheft eine Erleichterung in ihrer täglichen Arbeit geschaffen zu haben. Wir wünschen allen einen erfolgreichen Einsatz.

Das Autorenteam

Inhaltsverzeichnis

Lernfeld 1:
Güter annehmen und kontrollieren

Arbeitsblatt 1:   Warenannahme

Bestellte Ware kann auf unterschiedliche Weise angeliefert werden (Lkw, Paketdienste usw.). Der Käufer ist nach dem BGB verpflichtet, gekaufte Ware anzunehmen, und für Kaufleute gilt eine Pflicht zur unverzüglichen Prüfung der Ware.

Situationsaufgabe:
Sie arbeiten in einem Großhandelsbetrieb. Die Anlieferung der Waren erfolgt überwiegend per Lkw. Gerade ist wieder ein Lkw vorgefahren.

1. Bringen Sie die Tätigkeiten in die richtige Reihenfolge, die Sie in Anwesenheit des Fahrers zu verrichten haben.

   ☐ Quittierung des Empfangs der ordnungsgemäß gelieferten Ware

   ☐ Auspacken der Waren zum Zwecke der Qualitätsprüfung

   ☐ Entgegennahme des Frachtbriefes

   ☐ Übergabe der Ware in den Lagerbereich

   ☐ Überprüfung der äußeren Beschaffenheit der Kolli

   ☐ Kontrolle der Anschrift des Empfängers auf dem Frachtbrief sowie der Anzahl der gelieferten Kolli

   ☐ Kontrolle der Ware auf Menge, Art, Güte und Beschaffenheit

2. Welche Kontrollpapiere können statt des Frachtbriefes vorgelegt werden?

   _____

3. Wie gehen Sie vor, wenn Sie feststellen, dass ein Packstück stark beschädigt ist?

   _____

   _____

   _____

   _____

   _____

   _____

   _____

   _____

4. Beschreiben Sie, wie in Ihrem Betrieb der Wareneingang erfasst wird bzw. welche Arbeitschritte durch ihn ausgelöst werden.

_____

_____

_____

_____

_____

_____

_____

_____

5. Beim zweiseitigen Handelskauf (der Käufer ist auch Kaufmann) ist der Käufer verpflichtet, die Ware unverzüglich zu prüfen.
Die Mängelrüge gegenüber dem Lieferer hat spätestens zu erfolgen beim

a) offenen Mangel:

_____

b) versteckten Mangel:

_____

_____

Gegenüber dem Frachtführer sind Transportschäden spätestens anzuzeigen, wenn sie

a) sofort erkennbar sind:

_____

b) nicht sofort erkennbar sind:

_____

Die Überschreitung einer vereinbarten Lieferfrist ist anzuzeigen

_____

Die Einhaltung dieser Fristen seitens des Käufers ist deshalb wichtig, weil der Käufer andernfalls

_____

6. Bei der Emder Elektrogroßhandels-GmbH wird Ware durch den Spediteur Dollart-Logistik angeliefert. Der Fahrer legt den unten abgebildeten Speditions-Übergabeschein vor.

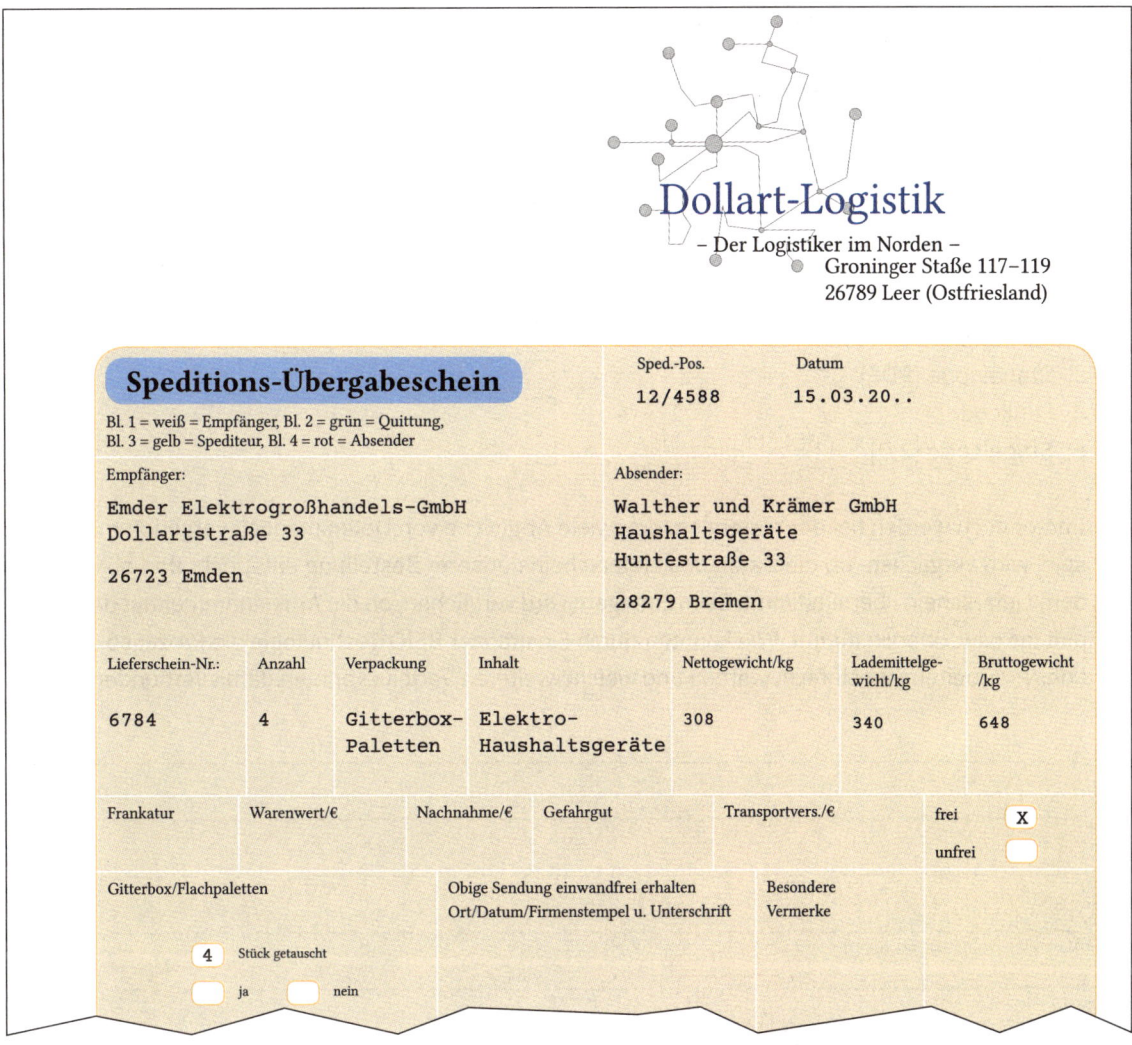

a) Welche Positionen sind bei der Warenannahme für die Überprüfung in Anwesenheit des Fahrers von Bedeutung?

_____

b) Was hat es zu bedeuten, dass hinter dem Wort „frei" ein Kreuz gemacht wurde?

_____

7. Kurz vor Ihrem Feierabend am Freitag trifft ein Lkw mit einer für Ihren Betrieb bestimmten Warenlieferung ein. Wie verhalten Sie sich gegenüber dem Fahrer? ☐

(1) Sie verweigern die Annahme der Ware.

(2) Sie verzichten auf eine Kontrolle und lassen den Fahrer die Ware entladen. (Bei diesem Lieferer gibt es erfahrungsgemäß keine Probleme.)

(3) Sie weisen dem Fahrer einen Parkplatz zu, auf dem der Lkw bis zur Entladung am Montag abgestellt werden kann.

(4) Sie führen eine ordnungsgemäße Warenannahme durch und bescheinigen dem Fahrer die Anlieferung der Ware, wenn keine Mängel festgestellt wurden.

(5) Sie kontrollieren auf dem Lkw die Anzahl der Kolli, bestätigen den Empfang auf dem Frachtbrief und sagen dem Fahrer, wo die Ware hingestellt werden soll.

8. Was ist zu tun, wenn bei der Warenannahme festgestellt wird, dass weniger Kolli angeliefert wurden als auf dem Lieferschein ausgewiesen? ☐

   (1) Annahme der gesamten Lieferung verweigern
   (2) Schadenersatz gegenüber dem Lieferer geltend machen
   (3) Angelieferte Ware unverzüglich zurückschicken
   (4) Vornahme eines Deckungskaufs
   (5) Dem Lieferer gegenüber den Mangel unverzüglich rügen

9. In welchem Fall handelt es sich nicht um einen Barcode?

   a) Strichcode ☐
   b) Matrixcode ☐
   c) Stapelcode (PDF) ☐
   d) Funkcode ☐
   e) Stapelcode (2 D) ☐

10. Immer noch werden bei der Warenannahme viele Abgleiche von Daten manuell vorgenommen. Zum Beispiel wird verglichen, ob die Daten des Lieferscheins unserer Bestellung entspricht und ob die Ware mit dem Lieferschein übereinstimmt. Beim Einlagern wird verglichen, ob die Artikelnummer mit der des Lagerplatzes usw. übereinstimmt. Wie könnten durch Einsatz der RFID-Technologie die Prozesse der Informationsverarbeitung vereinfacht werden und welche weiteren Vorteile könnten damit verbunden sein?

   _____

   _____

   _____

   _____

   _____

   _____

Arbeitsblatt 2: Einweg-/Mehrwegtransportbehälter

1. Wenn sich mehrere Versender und mehrere Empfänger verschiedener Branchen an einem Mehrwegsystem beteiligen können, spricht man vom ☐

   (1) Pfandsystem
   (2) bilateralen Mehrwegsystem
   (3) branchenspezifischen Mehrwegsystem
   (4) multilateralen Mehrwegsystem
   (5) geschlossenen Mehrwegsystem

2. Transportverpackungen können im Rahmen des Pfandsystems mehrfach verwendet werden.

   a) Beschreiben Sie den Ablauf bei diesem System.

   _____

   _____

   _____

   _____

b)   Welche Vorteile bietet dieses System?

_____

_____

_____

3. Es ist auch möglich, dass die MTV gekauft oder gemietet werden.
    Welche Möglichkeiten sind bei Warenanlieferung in diesem Fall denkbar?

_____

_____

4. Bei der Überprüfung palletiert
    angelieferter Waren, stellen Sie
    in Gegenwart des Fahrers fest,
    dass eine Palette starke Beschä-
    digungen aufweist (siehe
    Abbildung). Wie ist in diesem
    Fall zu verfahren?

_____

_____

5. Auch Verpackungen, die grundsätzlich nicht für mehrfache Nutzung gedacht sind (Einwegverpackun-
    gen), werden häufig weiter genutzt.

    a)   Nennen Sie Beispiele für eine sinnvolle Verwendung von Einwegverpackungen.

_____

_____

    b)   Was geschieht in Ihrem Betrieb mit Einwegverpackungen, die nicht mehr verwendet werden
         können?

_____

_____

6. Sie erhalten eine Warenlieferung in verschiedenen Behältnissen. Im Wareneingangsbereich stehen:

Anzahl	Lieferbehältnis	Verwertung/Entsorgung
1	Einwegpalette, defekt	
4	Spezialbehälter des Lieferers	
5	Europaletten	
2	Holzkisten	

Sie sollen die Leergutrückführung bzw. Entsorgung durchführen. Welche Verwertungs- oder Entsorgungsmöglichkeiten sind sinnvoll? (Ordnen Sie folgende Begriffe zu: Tausch, Rückgabe, Wiederverwendung, Entsorgung.)

7. Sie haben eine Warensendung angenommen. Die Waren sind in 5 Gitterboxpaletten verpackt. Das Bruttogewicht der Ware wird im Frachtbrief mit 2,250 t angegeben. Das Eigengewicht einer Gitterboxpalette beträgt 85 kg.

    a) Wie hoch ist das Nettogewicht der gesamten Warensendung und pro Gitterboxpalette?

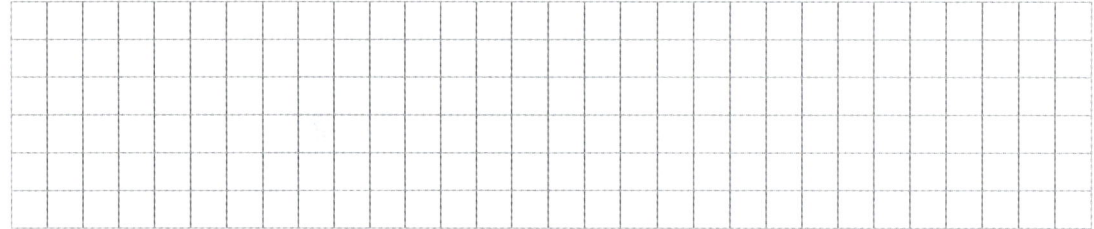

    b) Wie nennt man das Verpackungsgewicht (hier: Eigengewicht der Gitterboxpaletten)?

Arbeitsblatt 3: Warenprüfung

Sie haben Waren erhalten, die im Eingangsbereich stehen. Der Frachtführer ist bereits wieder abgefahren. Der Empfang der ordnungsgemäß angelieferten Ware wurde bestätigt. Bevor die angelieferte Ware eingelagert werden kann, soll sie nun stichprobenartig überprüft werden. Dabei sollen die Identität, Quantität, Qualität und Beschaffenheit der Ware kontrolliert werden.
Füllen Sie die Tabelle entsprechend aus.

Prüfungsaspekt	Vorgehensweise	Prüfungsunterlagen	Mögliche Mängel
Identität			
Quantität			
Qualität			
Beschaffenheit			

Arbeitsblatt 4: Unfallverhütung

1. Unfälle im Betrieb können schlimme Folgen haben. Zählen Sie die Folgen auf für

den betroffenen Mitarbeiter	
das Lager, die Güter und die Lagereinrichtung	
den Betrieb/den Unternehmer	
die Volkswirtschaft/die Umwelt	

2. Nach der Berufsgenossenschaftlichen Vorschrift „Grundsätze der Prävention" (DGUV-Vorschrift 1) haben Unternehmer und Versicherte (Arbeitnehmer) bestimmte Pflichten. Zählen Sie die jeweiligen Pflichten auf

a) des Unternehmers:

b) des Arbeitnehmers:

3. Je nach den Gefahren bei der Arbeit hat der Arbeitgeber die persönliche Schutzausrüstung zur Verfügung zu stellen. Überlegen Sie, bei welchen Gefahren die im Buch aufgeführten Schutzausrüstungen sinnvoll sind.

Schutzausrüstung	Gefahren (Beispiele)

4. Ergänzen Sie die folgende Tabelle.

Sicherheitszeichen	Hintergrund	Umrandung	Symbol
Verbotszeichen	weiß		schwarz
	blau	keine	weiß
Warnzeichen	gelb		
	rot	keine	weiß
Rettungszeichen		keine	

5. Sie sind Zeuge eines Arbeitsunfalls. Ein Kollege liegt verletzt am Boden. Er ist bei Bewusstsein. Eine Kollegin holt Hilfe herbei. Was unternehmen Sie in der Zwischenzeit?

_____

_____

_____

_____

_____

_____

_____

_____

6. Beschreiben Sie die vier Schritte, die bei der Herstellung einer stabilen Seitenlage durchzuführen sind.

_____

_____

_____

_____

7. Ihr Vorgesetzter fragt Sie, ob Sie bereit wären, sich zum Ersthelfer ausbilden zu lassen. Beschreiben Sie das Tätigkeitsfeld eines Ersthelfers und erläutern Sie die Regelungen der DGUV-Vorschrift 1 zum Einsatz von Ersthelfern.

_____

_____

_____

_____

_____

_____

Praktische Übung

Übung 1: Waren annehmen

Situation

Sie sind im Autohaus Huber als Fachkraft für Lagerlogistik in der Warenannahme beschäftigt. An diesem Morgen erhalten Sie u. a. eine Lieferung per Lkw der SMS GmbH, Frankfurt/M. Der Fahrer legt einen Speditionsauftrag (siehe Seite 18) vor.

Aufgaben

1. Welche Prüfungen nehmen Sie bei der Warenannahme vor?

_____

_____

_____

_____

Beim Abladen stellen Sie einen Transportschaden fest. Auf einer der beiden Europaletten sind in der untersten Reihe vier Schachteln sehr stark eingedrückt. Die Folie, mit der Schachteln und Palette umwickelt wurde, ist aufgeschlitzt. In den Schachteln befindet sich je ein Scheinwerfer (Teilenummer 1402569).

2. Beschreiben Sie, was Sie in dieser Situation zu tun haben.

_____

_____

_____

_____

_____

_____

_____

_____

3. Füllen Sie die Tatbestandsaufnahme (16.03.20.., 09:15 Uhr) entsprechend aus.
(Das Formular befindet sich auf Seite 19.)

4. Welche Frist müssen Sie (als Empfänger) bei der Anzeige von Transportschäden gegenüber dem Frachtführer (Spediteur) einhalten?

_____

_____

_____

5. Welche Pflichten ergeben sich aus dem Speditionsvertrag (§ 453 ff. HGB) für die Vertragsparteien?

Für den Spediteur	Für den Versender
_____	_____
_____	_____
_____	_____

6. Wie verfahren Sie mit den Europaletten?

_____

_____

_____

_____

_____

7. Warum werden die Europaletten auch „Europoolpaletten" genannt?

_____

_____

_____

_____

_____

1) Versender/Lieferant		2) Lieferanten-Nr.	3) Speditionsauftrags-Nr.		

1) Versender/Lieferant   2) Lieferanten-Nr.
SMS GmbH   10 020
Otto-Muster-Str. 154
60435 Frankfurt/M.

3) Speditionsauftrags-Nr.

4) Nr. Versender beim Versand-Spediteur:

5) Beladestelle
8) Sendungs-/Ladungs-Bezugsnummer

SPEDITIONSAUFTRAG | 01 | 23 | 31 |

11) Empfänger   12) Kunden-Nr.
Autohaus Huber   AH - 112
Landshuter Str. 55
84130 Dingolfing

6) Datum _____ 15. März _____   7) Relations-Nr.

9) Versandspediteur   10) Spediteur-Nr.
ETL (Europäische Transport-Logistik)
Ringstraße 40a
65479 Raunheim

13) Bordero-/Ladeliste-Nr.

14) Anliefer-/Abladestelle
Abladestelle 99

15) Versendervermerk für den Versandspediteur:

16) Eintreff-Datum   17) Eintreff-Zeit

18) Zeichen und Nr. Lieferschein-Nr.	19) Anzahl	20) Verpackung	21) SF	22) Inhalt	23) Lademittel-gewicht kg	24) Brutto-gewicht kg
00 11 018	2	EUR-FP		Autoteile	56	720

25) Summe   26) Rauminhalt cdm/Lademeter   Summen   27)   28)

29) Gefahrgutklassifikation
30) Gefahrgut-Bezeichnung

31) Frankatur	32) Warenwert für SVS/RVS EUR	33) Transportversicherung vom Spediteur zu decken mit EUR	34) Versender-Nachnahme EUR

35) Anlagen

36) Auftrags-Nr.-Kunde   37) Kontierung
38) Transportmittel-Nr.
39) LKW-Code
40) Versandart   41) Abrechnungs-Schl.

42) Empfangsbestätigung des Warenempfängers: obige Sendung vollständig und in ordnungsgemäßem Zustand erhalten.

43) Übernahmebestätigung des Fahrers: obige Sendung vollständig und in ordnungsgemäßem Zustand übernommen.

G. Meier

Firmenstempel/Unterschrift

44) Die Sendung enthält   davon getauscht

2 Euro-Flach-Pal. (FP)   *2* Euro-Flach-Pal. (FP)

Euro-Gitter-Pal. (GP)   Euro-Gitter-Pal. (GP)

W. Becker

Datum: *15. März*   Uhrzeit: *8:15 h*   Unterschrift

45) Es gelten die Allgemeinen Deutschen Spediteurbedingungen (ADSp). Gerichtsstand ist der Firmensitz des Spediteurs.   46) **Warenempfänger**

Seitliche Beschriftung links:
Blatt 5 – grün – Warenempfänger
Blatt 2 – altgold – Warenempfänger
Blatt 3 – rosa – Warenempfänger
Blatt 4 – gelb – Warenempfänger

Blatt 1 – weiß – Warenempfänger
Blatt 2 – altgold – Warenempfänger
Blatt 3 – rosa – Warenempfänger
Blatt 4 – gelb – Warenempfänger

Vordruck entspricht VDA-Empfehlung 4922

Autohaus Huber

Autohaus Huber
Landshuter Str. 55
84130 Dingolfing

Tatbestandsaufnahme

Lieferer:	Referenznummer:
	Lieferdatum:
Bestell-Nummer:	Bestelldatum:
Transportunternehmen:	Name des Mitarbeiters des Transportunternehmens:
Art der Anlieferung:	Uhrzeit und Datum:
Artikelbezeichnung:	Artikelnummer(n):
Art der Transportverpackung:	Anzahl der Packstücke
Gesamtgewicht der Sendung lt. Transportpapier:	Tatsächliches Gesamtgewicht der Sendung:

Beschreibung des Schadens:

Ursache des Schadens

Unterschrift des Mitarbeiters
des Transportunternehmens

Unterschrift des Mitarbeiters
im Wareneingang

Anlagen	Lieferschein	☐	Rechnung	☐
	Packzettel	☐	Frachtbrief	☐
	Sonst. Begleitpapiere	☐	Speditionsauftrag	☐

Praktische Übung

Übung 2:   Waren prüfen

Situation

Sie haben die Aufgabe, als Fachkraft für Lagerlogistik des Autohauses Huber, die angelieferte Ware vor der Einlagerung zu prüfen. Soeben wurde Ihnen von der Warenannahme eine Lieferung der Zubehör & Teile Union, Bielefeld mit entsprechendem Lieferschein ins Lager gestellt. Der Erhalt der ordnungsgemäß angelieferten Ware wurde dem Fahrer auf dem Lieferschein (siehe Seite 21) bestätigt. Da an diesem Tag (Freitag) wegen des Wochenendes sehr viel zu tun ist, kommen Sie erst am Montag dazu, die Ware auszupacken und zu überprüfen. Dabei stellen Sie folgende Abweichungen bzw. Mängel fest:

- Die Position 3 wurde nicht geliefert.
- Bei der Position 5 wurden statt 200 Schrauben nur 20 geliefert.
- Bei der Position 6 wurden 2 Kopfstützen in Blau geliefert, die aber in Grau bestellt worden waren.
- Bei einem der 25 Scheinwerfer (Position 7) ist das Glas zerbrochen.

Aufgaben

1. Tragen Sie die entsprechenden Empfängervermerke auf dem Lieferschein ein.

2. Welche Mängelarten liegen hier vor?

Position	Mangelart
3	
5	
6	
7	

3. Welche Rechte stehen dem Käufer bei Schlechtlieferung zu und welche Rechte werden Sie gegenüber dem Lieferer in Anspruch nehmen?

_____

_____

_____

_____

_____

4. War es in Ordnung, dass die am Freitag angelieferte Ware erst montags überprüft wurde? (Welche gesetzlichen Rügefristen gibt es und bestehen Unterschiede gegenüber Verbrauchern?)

_____

_____

_____

_____

_____

5. Entwerfen Sie eine Mängelrüge an den Lieferer und übertragen Sie diese auf den Briefvordruck.

6. Wie ist bis zur Klärung der Angelegenheit mit der beanstandeten Ware zu verfahren?

Zubehör & Teile
union

- Lager
- Logistik
- Verpackung

Lieferschein

Seite: 1

Beleg-Nr.:	00 11018
Kunden-Nr.:	AH–112
Tag:	21. März

Bei Zahlung bitte angeben!
Danke

Zubehör & Teile Union, Stralsunder Str. 52, 33605 Bielefeld

Autohaus Huber
Landshuter Str. 55
84130 Dingolflng

				Empfängervermerke		
Pos.	Sachnummer	Bezeichnung der Lieferung	Menge	Menge (Ist)	+/	Vermerke
1	11 32 145	Radio	5			
2	01 65 482	Träger	2			
3	08 15 431	Schrauben	100			
4	05 64 572	Dichtung	30			
5	12 54 698	Schrauben	200			
6	16 12 894	Kopfstütze	2			
7	90 01 258	Scheinwerfer	25			

Bei Zahlung bis:	Netto €	Mehrwertsteuer %	Mehrwertsteuer €	Rechnungsbetrag €
30. März	**900,89**		**144,14**	**1 045,03**

| **Zubehör & Teile Union**
Handelsregister Bielefeld
Erfüllungsort: Bielefeld | **Betriebsstätte:**
Stralsunder Str. 52
33605 Bielefeld | **Bank:**
Volksbank Bielefeld
IBAN: DE41 5109 0001 0003 0781 07 | **Zahlbar sofort nach Rechnung**
Eigentumsvorbehalt der gelieferten
Ware bis zur restlosen Bezahlung. |

Autohaus Huber

Autohaus Huber • Landshuter Str. 55 • 84130 Dingolfing

_____

_____

_____

Ihr Zeichen, Ihre Nachricht vom	Unser Zeichen, unsere Nachricht vom	Telefon, Name	Datum

Praktische Übung

Übung 3:   Sich bei Unfällen richtig verhalten

Situation

Sie sind bei einem Hersteller für Windkraftanlagen im Lager beschäftigt. Ein Kollege wollte beim Kommissionieren aus einem Fachbodenregal eine Schachtel entnehmen, in der sich Metallteile befanden. Da sie in einem höheren Fachboden lag, stellte der Kollege eine Leiter lose an das Regal. Beim Herausziehen drohte dem Kollegen die Schachtel zu entgleiten. Im Bemühen zu verhindern, dass die Teile zu Boden fallen, fing die Leiter an zu schwanken. Schließlich stürzte der Mitarbeiter mitsamt der Schachtel zu Boden. Er schrie auf und klagte über Schmerzen, vor allem im rechten Bein.

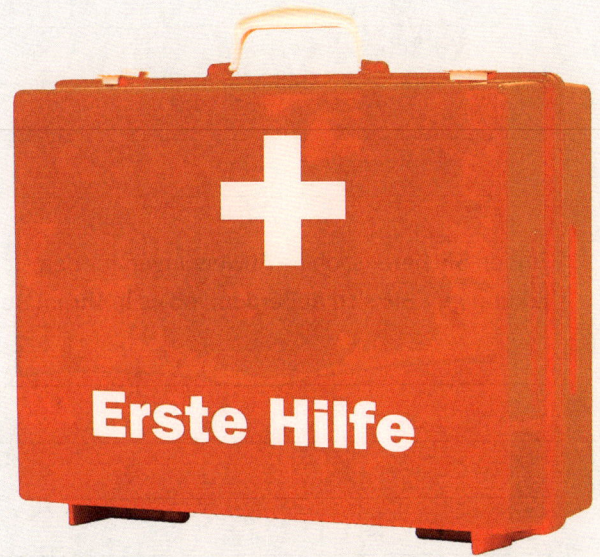

Aufgaben

1. Wie verhalten Sie sich in diesem Fall als in unmittelbarer Nähe stehender Kollege?

    _____

    _____

    _____

    _____

    _____

2. Wem ist dieser Unfall zu melden und wer muss dies tun? (Sind dabei Fristen zu beachten?)

    _____

    _____

    _____

3. Füllen Sie die Unfallanzeige auf Seite 25 am 12.03.20.. entsprechend aus. Sie erhielten als Augenzeuge zuerst Kenntnis vom Unfall.
    Verwenden Sie beim Ausfüllen die unten stehenden Daten.

Berufsgenossenschaft der Feinmechanik und Elektrotechnik Gustav-Heinemann-Ufer 130 50968 Köln	Windkraft GmbH Brookstraße 47 26607 Aurich Unternehmensnr. 26/0412/817
verletzte Person: Johann Janssen, Fachlagerist seit 09/1998, geb. 12.05.1970 wohnhaft: Dachsstraße 27, 26605 Aurich versichert bei der AOK Aurich	Unfallzeitpunkt: 11.03.20.., 10:30 Uhr J. Janssen erlitt einen Bruch des rechten Schienbeins, er wurde von der Notärztin Dr. Barbara Kruse behandelt und ins Krankenhaus Aurich eingewiesen.

4. Was hat der Kollege falsch gemacht bzw. wie hätte er sich verhalten sollen?

_____

_____

_____

_____

5. Finden Sie heraus, ob es Anweisungen für den sicheren Umgang mit Leitern gibt und was darin steht. Erkundigen Sie sich außerdem, ob es in Ihrem Betrieb entsprechende Vorschriften gibt.

_____

_____

_____

_____

_____

_____

_____

_____

6. Wie lauten die richtigen Bezeichnungen für folgende Sicherheitszeichen?

Beschreibung der Zeichen	Bezeichnung
a) rote Umrandung, weißer Hintergrund, schwarzes Symbol	
b) gelber Grund, schwarze Umrandung, schwarzes Symbol	
c) grüner Grund, weißes Zeichen	
d) blauer Grund, weißes Symbol	
e) roter Grund, weißes Zeichen	

7. Welches „W" gehört <u>nicht</u> zu den 5 „Ws" beim Notruf?

(1) Wo ist der Notfall?   ☐
(2) Wer hat den Unfall verschuldet?   ☐
(3) Was ist geschehen?   ☐
(4) Wie viele Verletzte?   ☐
(5) Welche Verletzungen?   ☐
(6) Warten auf mögliche Rückfragen   ☐

UNFALLANZEIGE

1 Name und Anschrift des Unternehmens

2 Unternehmensnummer des Unfallversicherungsträgers

3 Empfänger/-in

4 Name, Vorname der versicherten Person	**5** Geburtsdatum	Tag	Monat	Jahr

6 Straße, Hausnummer	Postleitzahl	Ort

7 Geschlecht
☐ Männlich ☐ Weiblich

8 Staatsangehörigkeit

9 Leiharbeitnehmer/-in
☐ Ja ☐ Nein

10 Auszubildende/-r
☐ Ja ☐ Nein

11 Die versicherte Person ist
☐ Unternehmer/-in
☐ Gesellschafter/-in
Geschäftsführer/-in

☐ mit der Unternehmerin/ dem Unternehmer:
☐ verheiratet
☐ in eingetragener Lebenspartnerschaft lebend
☐ verwandt

12 Anspruch auf Entgeltfortzahlung besteht für ☐☐ Wochen

13 Krankenkasse (Name, PLZ, Ort)

14 Tödlicher Unfall?
☐ Ja ☐ Nein

15 Unfallzeitpunkt				
Tag	Monat	Jahr	Stunde	Minute

16 Unfallort (genaue Orts- und Straßenangabe mit PLZ)

17 Ausführliche Schilderung des Unfallhergangs (Verlauf, Bezeichnung des Betriebsteils, ggf. Beteiligung von Maschinen, Anlagen, Gefahrstoffen)

Die Angaben beruhen auf der Schilderung ☐ der versicherten Person ☐ anderer Personen

18 Verletzte Körperteile	**19** Art der Verletzung

20 Wer hat von dem Unfall zuerst Kenntnis genommen? (Name, Anschrift)

War diese Person Augenzeugin/Augenzeuge des Unfalls?
☐ Ja ☐ Nein

21 Erstbehandlung:
Name und Anschrift der Ärztin/des Arztes oder des Krankenhauses

22 Beginn und Ende der Arbeitszeit der versicherten Person			
	Stunde	Minute	
Beginn		Ende	Stunde	Minute

23 Zum Unfallzietpunkt beschäftigt/tätig als	**24** Seit wann bei dieser Tätigkeit?	Monat	Jahr

25 In welchem Teil des Unternehmens ist die versicherte Person ständig tätig? Lager

26 Hat die versicherte Person die Arbeit eingestellt?	☐ Nein	☐ Sofort	Später, am	Tag	Monat	Stunde

27 Hat die versicherte Person die Arbeit wieder aufgenommen?	☐ Nein	☐ Ja, am	Tag	Monat	Jahr

28 Datum	Unternehmer/-in (Bevollmächtigte/-r)	Betriebsrat (Personalrat)	Telefon-Nr. für Rückfragen

U 1000 0717 Unfallanzeige

Muster einer Unfallanzeige.
Quelle: www.dguv.de/formtexte/index.jsp, Zugriff am 23.03.2018. Unter der angegebenen Internetadresse kann der aktuellste Formtext heruntergeladen werden.

Lernfeld 2: Güter lagern

Arbeitsblatt 1: Aufgaben des Lagers

1. Vervollständigen Sie die Übersicht zu den Aufgaben der Lagerhaltung und finden Sie je zwei Anwendungsbeispiele.

Aufgaben der Lagerhaltung	Beschreibung	Beispiele
Sicherungsaufgabe	Sicherung bei Engpässen, die durch Lieferverzögerungen oder erhöhte Nachfrage verursacht werden	_____ _____ _____ _____ _____
_____	Herstellungs- und Verwendungszeitpunkt fallen auseinander.	_____ _____ _____ _____ _____ _____
Spekulationsaufgabe	_____ _____	_____ _____ _____
Umformungsaufgabe	_____ _____ _____ _____	_____ _____ _____

Aufgaben der Lagerhaltung	Beschreibung	Beispiele
_____ _____ _____	Einige Güter erhalten erst durch die Lagerung ihre volle Qualität.	_____ _____ _____

2. Welche Aufgaben erfüllt die Lagerhaltung in den folgenden Beispielen?

Beispiele	Aufgaben
Bananen werden im Lagerraum eines Frachtschiffes von Algier nach Hamburg befördert.	_____ _____
Der Getreidegroßhändler kauft im Sommer erntefrisches Getreide von den Landwirten seiner Region auf.	_____ _____
Käse wird in Scheiben geschnitten und in 200-g-Packungen verpackt.	_____ _____
Im Zentrallager der Supermarktkette wird bereits ab September ein Vorrat an Süßigkeiten für das Weihnachtsfest angelegt.	_____ _____

3. Es sollen drei Sorten Tee zu insgesamt 100 kg gemischt werden. Das Mischungsverhältnis beträgt:

Teesorte A   2 Anteile   _____

Teesorte B   14 Anteile   _____

Teesorte C   4 Anteile   _____

Wie viel Kilogramm benötigen Sie für die   _____
Teesorten A, B und C?
                                               _____

Arbeitsblatt 2:   Lagerarten

1. Ordnen Sie mithilfe des Lehrbuches die folgenden Lagerarten den Betriebsarten Industriebetrieb, Großhandel und Einzelhandel in der folgenden Übersicht zu:
Kommissionslager, Erzeugnislager, Rohstofflager, Auslieferungslager, Reservelager, Hilfsstofflager, Betriebsstofflager, Verkaufslager, Zwischenlager, Ersatzteillager, stofforientiertes Lager, verbrauchs-orientiertes Lager, Packmittellager

Lager im Industriebetrieb	
Lager im Großhandel	
Lager im Einzelhandel	

2. Für welche Stoffe aus dem Produktionsprozess treffen die folgenden Beschreibungen zu? Kennzeichnen Sie die entsprechenden Aussagen mit

R (Rohstoff)   H (Hilfsstoff)   B (Betriebsstoff)

a) Stoff, der benötigt wird, um Maschinen, Geräte oder technische Anlagen zu warten oder anzutreiben, z. B. Schmierstoffe, Diesel, Benzin.

b) Stoff, der zur Verfeinerung bzw. Veredlung von Produkten dient, oder Stoff, der zum Zusammenfügen von zwei oder mehreren Teilen benötigt wird, z. B. Schrauben, Nägel, Aromastoffe.

c) Es ist ein Ausgangsstoff für die Herstellung von Gütern, z. B. Baumwolle, Erze.

3. Nach dem **Lagerstandort** unterscheidet man zwischen zentralen Lagern, dezentralen Lagern und Handlagern. Für welche Lager treffen die folgenden Aussagen zu? Kennzeichnen Sie die Aussagen mit

Z (Zentrallager)   D (dezentrales Lager)   H (Handlager)

a) Lager, das nur einen einzelnen Produktionsbereich des Betriebes mit Rohstoffen versorgt.

b) Die notwendigen Materialvorräte des gesamten Betriebes können niedrig gehalten werden.

c) Mehrere Filialen eines Handelsunternehmens werden von einem Lager aus beliefert.

d) Der Materialverbrauch ist in diesem Lager relativ schwer zu kontrollieren.

e) Bei der Bedarfsermittlung kann neue Ware direkt beim Lieferanten bestellt werden.

f) Diese Lagerung ist meist mit einer Verlängerung der Transportwege und Zwischenlagerung verbunden.

g) Größere Einkaufsmengen ermöglichen eine Senkung der Beschaffungskosten (Rabatte, Lieferung frei Haus ab einer bestimmten Mindestabnahme).

h) Das Lager für Kleinteile befindet sich direkt am Arbeitsplatz.

i) Die Abstimmung zwischen Lager und Produktion ist meist einfach zu ermöglichen.

j) Der Gesamtbedarf eines Betriebes ist besser feststellbar.

4. In einem Fertigungsbetrieb befinden sich am jeweiligen Arbeitsplatz Lager für Kleinteile wie Schrauben, Dichtungen, Nieten usw. Wie wird diese Lagerart bezeichnet?

a) Betriebsstofflager

b) Erzeugnislager

c) Werkstattlager

d) Zentrallager

e) Zwischenlager

f) Handlager

5. Das zentrale Rohstofflager eines Industriebetriebes mit mehreren Produktionsstufen wird künftig dezentral geführt. Welcher Vorteil ergibt sich aus dieser Umorganisation?

a) Die Lagerkapazität für Rohstoffe wird verringert.

b) Die vorhandenen Lagereinrichtungen können besser ausgelastet werden.

c) Die Gesamtübersicht über die Lagerbestände des Betriebes wird verbessert.

d) Die Beförderungswege für Rohstoffe zur jeweiligen Produktionsstätte verkürzen sich.

e) Die Kosten für gebundenes Kapital werden im Rohstofflager reduziert.

6. Nach der **Lagergestaltung** unterscheidet man u. a. Silolager, Tanklager, Freilager, halboffene Lager, geschlossene Lager. Beschreiben Sie diese in Kurzform. Geben Sie jeweils zwei Beispiele für geeignetes Lagergut in diesen Lagern an.

Lagerart	Kurzbeschreibung	Lagergut
Silolager		
Freilager		
Halboffenes Lager		
Geschlossenes Lager		

Arbeitsblatt 3:   Das Lagergeschäft

1. In welcher Situation ist es für einen Betrieb sinnvoll, Güter bei einem gewerblichen Lagerhalter einzulagern?

   a) Der Betrieb, der bisher Eigenlagerung betrieben hat, erwartet zukünftig keine Absatzschwankungen.

   b) Es soll von der dezentralen zur zentralen Lagerhaltung umgestellt werden.

   c) Die Betriebsleitung sucht eine Lagerform, bei der die Lagermiete nur für die Dauer der Einlagerung anfällt.

   d) Das Warensortiment des Betriebes soll erweitert werden. Dabei wird die Warenpflege über eigenes Personal erfolgen.

   e) Die Kunden möchten die Ware vor Ort sehen.

2. Was ist der wesentliche Inhalt eines Lagervertrages? Wer sind die Vertragspartner?

Auftraggeber	Inhalt	Auftragnehmer

3. a) Erklären Sie den Begriff „Outsourcing".

_____

_____

_____

_____

_____

b) Nennen Sie die Vorteile, die ein Unternehmen hat, wenn es seine Güter bei einem fremden Logistikdienstleister einlagert.

_____

_____

_____

_____

_____

_____

_____

_____

4. Stellen Sie Rechte und Pflichten des **Lagerhalters** gegenüber. Nutzen Sie dazu den Lehrbuchtext „Unterscheidung nach dem Eigentümer" im Lernfeld 2.

Pflichten des Lagerhalters	Rechte des Lagerhalters

5. „Der Lagerschein ist ein Warenwertpapier." Begründen Sie diese Aussage.

_____

_____

_____

_____

_____

_____

_____

_____

_____

_____

_____

_____

_____

_____

_____

6. Im § 475c HGB finden wir wesentliche Aussagen zum Lagerschein:

(1) Über die Verpflichtung zur Auslieferung des Gutes kann von dem Lagerhalter, nachdem er das Gut erhalten hat, ein Lagerschein ausgestellt werden, der die folgenden Angaben enthalten soll:

a) Ort und Tag der Ausstellung des Lagerscheins;

b) Name und Anschrift des Einlagerers;

c) Name und Anschrift des Lagerhalters;

d) Ort und Tag der Einlagerung;

e) die übliche Bezeichnung der Art des Gutes und die Art der Verpackung, bei gefährlichen Gütern ihre nach den Gefahrgutvorschriften vorgesehene, sonst ihre allgemein anerkannte Bezeichnung;

f) Anzahl, Zeichen und Nummer der Packstücke;

g) Rohgewicht oder die anders angegebene Menge des Gutes;

h) im Falle der Sammelladung einen Vermerk hierüber

(2) In den Lagerschein können weitere Angaben eingetragen werden, die der Lagerhalter für zweckmäßig hält.

(3) Der Lagerschein ist vom Lagerhalter zu unterzeichnen. Eine Nachbildung der eigenhändigen Unterschrift durch Druck oder Stempel genügt.

Der abgebildete Orderlagerschein ist bereits ausgefüllt. Kennzeichnen Sie die Angaben unter (1) auf diesem mit den Buchstaben a–h sowie die Aussagen von Absatz (2) mit 2 und Absatz (3) mit 3.

J. Hafner
(GmbH & Co.)
20457 Hamburg
Am Sandtorkai 48 · Telefon: 37 48 60-0 · Telefax: 37 48 60-26

Orderlagerschein
Warrant

Lagerschein Nr.   HDC 4410   **Lagerbuch Fol.**   18.684/1

(zugleich Nr. der Lagerscheinkartei)
Warrant Number   Stock Book reference
Warrant Index Number

Wir lagerten ein für
We warehoused for

Herr / Firma   Import GmbH, Am Sandtorkai 44, 20457 Hamburg   oder Order
                                                                or order

auf unserem Lager   Hamburg, Warehouse E, Dessauer Ufer   am 11. Januar ..
in our warehouse   on

Marke und Nummer Marks and Numbers	Zahl u. Art der Packstücke Quantity and Description of packages	Inhalt Contents	Rohgewicht oder Maß Grossweight
M A P	168 Bags	Nigerian Cocoa Beans	10 290 kos.
		(onehundredsixtyeight bags)	Tare 290 kos. for 10 bags
		ex S/S "CECILE MAERSK/LAUST MAERSK" arrived 04.01...	

Inhalt und Gewicht sind angegeben von ___
Contents and weight have been given to us by

Wir verpflichten uns, das Gut nur gegen Rückgabe dieses Lagerscheins nach Maßgabe der aus dem Schein ersichtlichen Bedingungen an den Einlagerer oder dessen Order auszuliefern. Bei Teilauslieferungen ist der Lagerschein zwecks Abschreibung vorzulegen.

We guarantee to deliver the goods only against return of this warrant in accordance with the regulations visible on the warrant to the firm mentioned or their order. For part deliveries the warrant is to be presented for writing-off.

Wir sind zur Vornahme von Erhaltungs- oder Pflegearbeiten am Gut nicht verpflichtet. Das Gut ist von uns nicht gegen Feuer versichert.
Wir haften gemäß § 12 Abs. III der Lagerordnung für keinerlei Feuerschäden.
Die Kosten richten sich nach dem Lagervertrag.

We are not responsible for care and maintenance work on the goods.
The goods are not insured by us against fire. In accordance with paragraph 12 subsection 3 of the warehouse regulations, we are not responsible for fire damage.
The charges are in accordance with the warehousing contract.

Bemerkungen: Rent paid up to and incl.: 10. March..
Remarks:

                                                      J. Hafner
                                                      (GmbH & Co.)
                                                      H. Heye

Hamburg, den   11th January   ..   (Unterschrift des Lagerleiters)
Date   (Signature)

Kontrolliert: _____   Eingetragen: _____
Checked by: Entered by:

Die Lagerordnung liegt in unserem Büro zur Einsicht aus.

Rechtsverbindlich ist die deutsche Fassung dieses Orderlagerscheines.
In case of disputs the German text of this Warrant is to apply

Kontroll-№

7. Was ist ein Orderlagerschein?

_____

_____

_____

_____

_____

Situationsaufgabe:

Sie sind Auszubildender in der Getreidegroßhandlung Karl Müller OHG. Ihr Unternehmen kann zu einem sehr günstigen Preis hochwertigen Weizen von der Agrargenossenschaft „Sommerwind" aus Sachsen beziehen. Das günstige Angebot ist allerdings an eine Mindestabnahmemenge von 1 000 t gebunden. Da die eigenen Getreidesilos zum Teil bereits belegt sind, müssen 500 t Weizen in einem Fremdlager untergebracht werden.

Nach gründlicher Prüfung verschiedener Angebote entscheidet sich Ihr Unternehmen, das Getreide in der Logistik GmbH Baum einzulagern.

a) Welche Vorteile hat Ihr Unternehmen durch die Einlagerung des Getreides in einem Fremdlager?

_____

_____

_____

_____

_____

_____

b) Welche Pflicht geht Ihr Unternehmen mit Unterzeichnung des Lagervertrages ein?

_____

c) Der Weizen Ihres Unternehmens wird zusammen mit dem Weizen eines anderen Einlagerers in einem 600-Tonnen-Silo eingelagert. Welche Voraussetzungen müssen für solch eine Sammellagerung erfüllt sein?

Lesen Sie dazu folgenden Gesetzesauszug aus dem Handelsgesetzbuch:

> **§ 469 Sammellagerung.**
>
> (1) Der Lagerhalter ist berechtigt, vertretbare Sachen mit anderen Sachen gleicher Art und Güte zu vermischen, wenn die beteiligten Einlagerer ausdrücklich einverstanden sind.
>
> (2) Ist der Lagerhalter berechtigt, Gut zu vermischen, so steht vom Zeitpunkt der Einlagerung ab den Eigentümern der eingelagerten Sachen Miteigentum nach Bruchteilen zu.
>
> (3) Der Lagerhalter kann jedem Einlagerer den ihm gebührenden Anteil ausliefern, ohne dass er hierzu der Genehmigung der übrigen Beteiligten bedarf.

_____

_____

_____

_____

_____

_____

_____

Arbeitsblatt 4: Lagertechnik – Bodenlagerung

Situationsaufgabe:

Das Logistikzentrum des Einrichtungshauses Wohnwelten GmbH soll vergrößert werden. Die Auszubildenden Robert und Frank sollen Vorschläge zur Einrichtung einer neuen Lagerhalle machen. Zunächst vergleichen sie verschiedene Möglichkeiten, Ware zu lagern, und die dazugehörigen Lagereinrichtungen.

1. Nennen Sie die Vorteile und Nachteile der Bodenlagerung.

Vorteile der Bodenlagerung	Nachteile der Bodenlagerung

2. Ergänzen Sie die folgenden Sätze.

   Bei dieser Lagertechnik _____ die Güter im unverpackten oder verpackten

   Zustand auf dem Boden. Diese Lagerart eignet sich besonders für _____ , _____ Güter, aber

   auch für _____ .

   Durch den Einsatz von Lagerhilfsgeräten wie _____ oder _____ und _____

   werden Flachpaletten mit nicht stapelfähigem Gut ebenfalls _____ .

   Die erreichbare **Stapelhöhe** ist abhängig von:

   _____

   _____

   _____

   _____

   _____

   _____

   Man unterscheidet zwischen **Block-** und **Reihenstapelung**. Nur bei der _____
   kann direkt das Fifo-Prinzip angewendet werden.

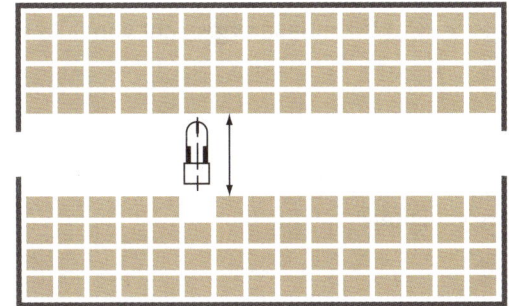

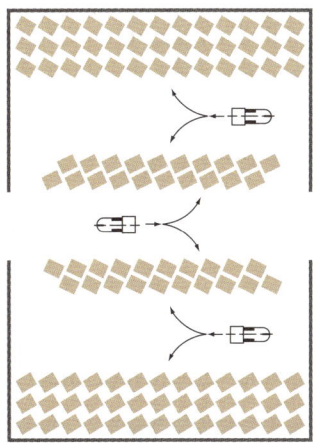

Der Zugriff bei der _____ erfolgt von _____ . Der Zugriff bei der

_____ erfolgt von _____ .

3. In einem Umschlaglager werden 25 Gitterboxpaletten mit Ware für einen Monat eingelagert. Die Außenmaße betragen einschließlich Steilwinkelaufsatz 835 mm × 1 240 mm.

   a) Ermitteln Sie den Flächenbedarf (in Quadratmetern) bei Bodenlagerung, wenn maximal vier Euroboxpaletten übereinandergestapelt werden können. Geben Sie Ihr Ergebnis mit zwei Stellen nach dem Komma an.

   _____

   b) Wie hoch sind die Lagerkosten für einen Monat, wenn mit einem Kostensatz von 117,00 €/m² pro Jahr kalkuliert wird?

   _____

Arbeitsblatt 5:   Regale – Fachbodenregale

1. Beschriften Sie das Fachbodenregal, indem Sie die Nummern der entsprechenden Bauteile der Abbildung zuordnen.
   Rahmen 1   Quertraverse 3
   Fachboden 2   Kreuzverband 4

2. Ein Fachbodenregal mit den Maßen 2 000 × 1 000 × 400 (Höhe × Breite × Tiefe) besteht in seiner Grundausstattung aus zwei Rahmen und vier Fachböden.

   a) Wie hoch ist die Feldlast, wenn die Fachlast von 115 kg je Fachboden voll ausgenutzt ist?

   _____

   b) Die maximal zulässige Feldlast beträgt 885 kg. Wie viele zusätzliche Fachböden können zwischen den Rahmen montiert werden?

   _____

   _____

Abbildung: Fachbodenregal

c) Wie viele Fachböden werden benötigt, wenn Kleinteile mit einem Gesamtgewicht von 0,75 t eingelagert werden sollen?

_____

3. Für welches Lagergut sind Fachbodenregale besonders geeignet?

_____

4. Stellen Sie die Vorteile und Nachteile der Lagerung in Fachbodenregalen gegenüber.

Vorteile	Nachteile
_____	_____
_____	_____
_____	_____
_____	_____
_____	_____
_____	_____
_____	_____
_____	_____

Abbildung: Fachbodenregal mit Kombinationsmöglichkeiten

5. Fachbodenregale können durch spezifisches Zubehör in ihrer Funktionsfähigkeit erweitert und verbessert werden.

Ordnen Sie die nummerierten Teile der Abbildung folgenden Begriffen zu.

Nr.	Zubehörteil	Nr.	Zubehörteil	Nr.	Zubehörteil
	Seitenwand		Fachboden		Seitenwand-Gitter
	Gitterkorb		Trennbügel		Traverse für Aufsteckhalterung
	Trenngitter für Gitterkorb		Hängemappenset		Aufsteckhalterung für Langgut
	Stützrahmen		Schüttgutlagerung mit Fachtrennblechen		Fachtrennblech
	Diagonalverband		Pendelhefterset		Reifentraversen

Arbeitsblatt 6: Regale – Palettenregale

1. Beschriften Sie das Palettenregal. Tragen Sie dazu die Nummern der Bauteile in die unten stehende Abbildung ein.

(1) Stützrahmen
(2) Längstraverse
(3) Fachebene mit Spanplatte
(4) Fachebene mit Gitterrostboden
(5) Stahl-Auflegepaneele
(6) Stahl-Einlegesegment
(7) Querteiler für Stahl-Einlegesegment
(8) Quertraverse
(9) Tiefenauflage
(10) Tiefenauflage mit Holzbalken
(11) Lastverteiler
(12) Gitter für hintere Herabfallsicherung
(13) Durchschubsicherung
(14) seitliche Herabfallsicherung
(15) Anfahrschutz
(16) Stützenschutz

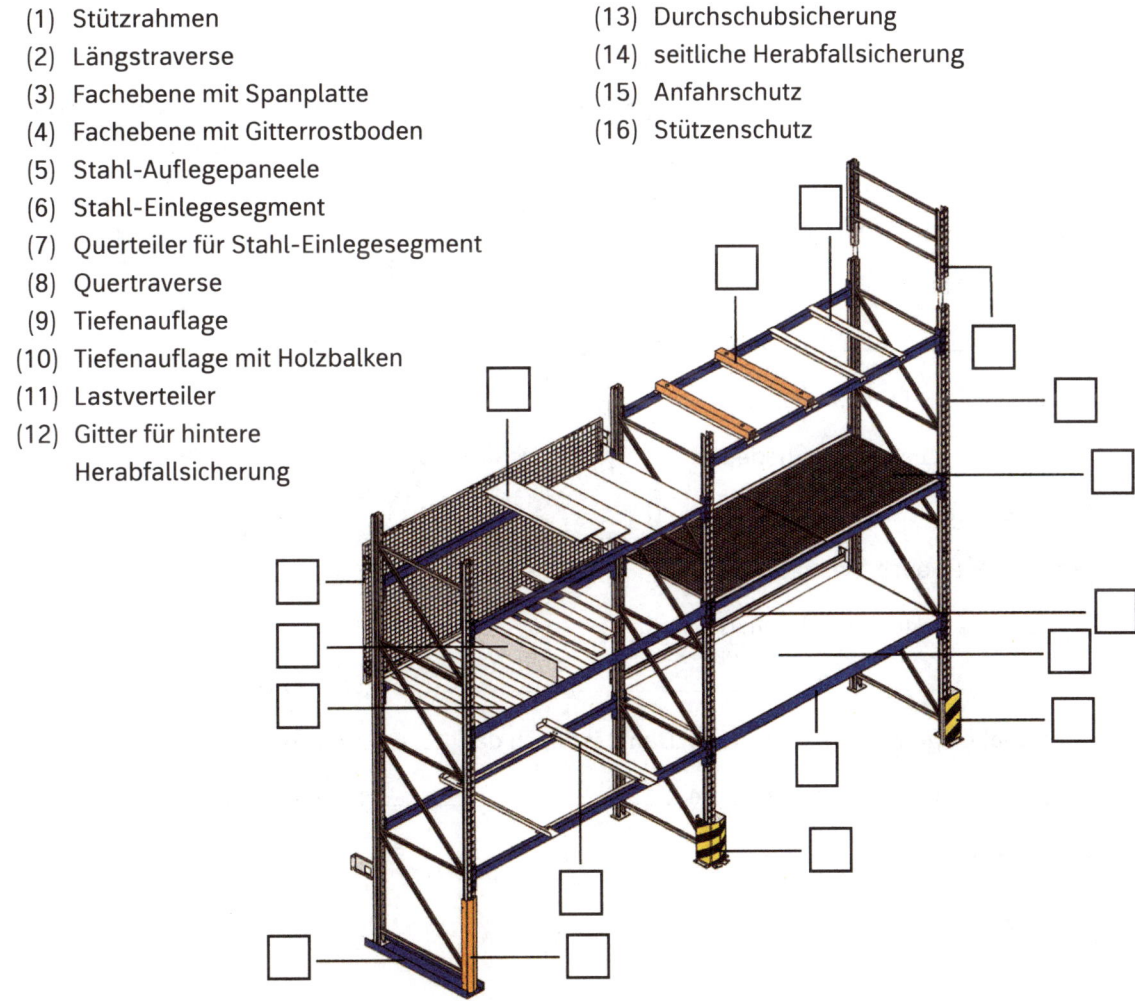

Abbildung: Palettenregal

2. Vergleichen Sie Vor- und Nachteile von Palettenregalen.

Vorteile	Nachteile
_____	_____
_____	_____
_____	_____
_____	_____
_____	_____
_____	_____
_____	_____
_____	_____
_____	_____
_____	_____

3. Entsprechend der Regalanordnung im Lager unterscheidet man Einfahrregale und Durchfahrregale. Vervollständigen Sie die folgenden Sätze.

Einfahrregale haben pro Stichgang

_____ , in

die der Stapler hineinfährt und

die Palette _____ bzw.

_____ . Dabei

gilt das _____ -Prinzip. _____ =

_____ in _____ out. Das bedeu-

tet, dass die _____ eingela-

gerte Palette auch zwangsweise

_____ ausgelagert wird.

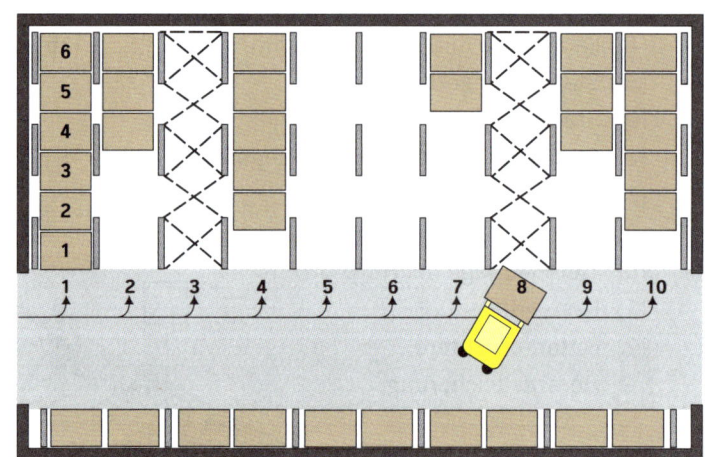

Abbildung: Einfahrregal mit zwei Gängen

_____ haben _____ , sodass von _____ in

das Regal eingefahren werden kann. Damit ist auch das _____ -Prinzip möglich. _____ = _____ in

– _____ out. Das bedeutet, dass die _____ Palette auch _____ ausgelagert

werden kann.

4. Die Berufsgenossenschaft fordert in der DGUV Regel 108-007 (ehemals BG-Regel 234) bestimmte **Sicherheitseinrichtungen für Regale**.

Aufgabe: Ordnen Sie die entsprechenden Sicherheitsbestimmungen der DGUV Regel 108-007 (ehemals BG-Regel 234) den in der Abbildung markierten Stellen des Palettenregals zu.

☐ Für alle Regale sind Tragfähigkeitsschilder vorzusehen.

☐ Erhöhungen der Endständer um mindestens 500 mm sind vorgeschrieben.

☐ Bei Quereinstapelung müssen die Paletten gegen Durchfallen gesichert sein, z. B. durch Tiefenstege, Tiefenstegrahmen, Spannplatten oder Holzböden.

☐ Bei allen Endständen müssen Abweiserecken montiert werden. Dies gilt auch für Durchfahrten.

☐ Bei einem Sicherheitsabstand von weniger als 100 mm zwischen den Paletten im Doppelregal sind Durchschiebesicherungen vorzusehen.

☐ Regalüberbauten (Durchfahrten) müssen mit einer geschlossenen Decke (Spanplatte, Holzboden) versehen sein. Die lichte Durchgangshöhe muss mindestens 2000 mm betragen.

☐ Die nicht für die Be- oder Entladung vorgesehenen Seiten von Regalen müssen gegen Herabfallen von Ladeeinheiten gesichert sein, z. B. durch Maschendrahtabspannung.

Abbildung: Sicherheitsbestimmungen für Regale nach DGUV Regel 108-007 (ehemals BG-Regel 234)

Arbeitsblatt 7:   Regale – Durchlaufregale

1. Vervollständigen Sie folgenden Text mithilfe des Lehrbuchs.

Durchlaufregale sind Regale mit separater _____ und _____ von hintereinanderliegendem Lagergut, das sich durch _____ oder mithilfe von Antriebselementen von der _____ zur _____ _____ bewegt.

Die Bewegung des Lagergutes erfolgt über:

_____ für schweres Lagergut,

_____ für _____ und _____ Lasten,

_____ und _____ für leicht rutschende Lasten.

2. Beschriften Sie in der unteren Abbildung „Durchlaufregal" die aufgeführten Zonen:
Beschickungszone ☐1 Pufferzone ☐2 Kommissionierzone ☐3

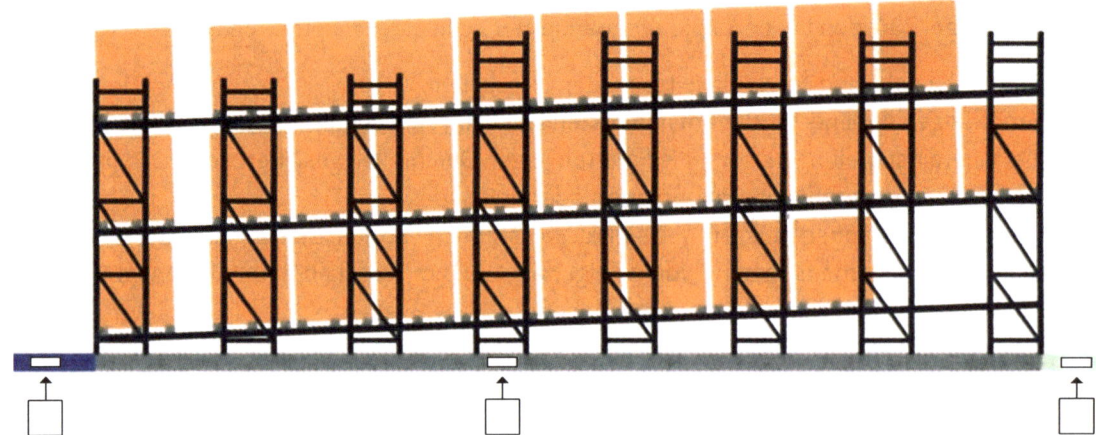

3. Entscheiden Sie, ob die folgenden Aussagen über Durchlaufregale richtig oder falsch sind. Kennzeichnen Sie die richtigen Aussagen mit 1 und die falschen Aussagen mit 2.

a) Durchlaufregale müssen mit Einrichtungen ausgerüstet sein, die ein gefahrloses Einbringen und einen freien Durchlauf der Ladeeinheiten sicherstellen. ☐

b) Störstellen in Durchlaufregalen müssen gefahrlos erreichbar sein, beispielsweise durch mindestens 0,5 m breite, neben den Durchlaufgassen angeordnete Gänge. ☐

c) An den Ein- und Auslagerungszonen müssen Einrichtungen vorhanden sein, die ein unbeabsichtigtes Herunterfallen der Ladeeinheiten verhindern. ☐

d) Das Fifo-Prinzip kann nicht eingehalten werden. ☐

e) Gefahrstellen zwischen durchlaufendem Lagergut und Regalteilen, die von Verkehrswegen erreicht werden können, müssen gesichert sein. ☐

f) Durchlaufregale eignen sich besonders für kleine Mengen je Artikel unterschiedlicher Sortimentsgrößen. ☐

g) Eine artikelreine Bestückung der Kanäle im Durchlaufregal ist nicht sinnvoll. ☐

h) Durchlaufregale eignen sich besonders bei großen Mengen je Artikel und kleiner bis mittlerer Sortimentsgröße, wenn die Fächer artikelrein bestückt werden. ☐

Arbeitsblatt 8: Regale – Kragarmregale

1. Beschriften Sie das abgebildete Kragarmregal, indem Sie die Nummern der entsprechenden Bauteile in die Abbildung eintragen.

1 Ständer, zweiseitig
2 Rohrkragarm
3 Aufhängung für Rohrkragarm
4 Kragarm mit Abrollsicherung
5 Fuß mit Abrollsicherung
6 Diagonalverband
7 Horizontalverbinder
8 Kragarm für Schrägboden

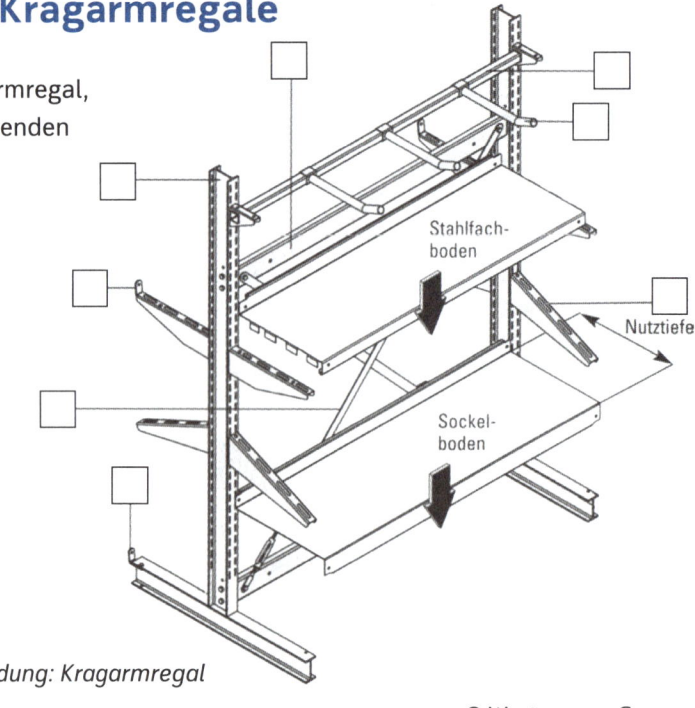

Abbildung: Kragarmregal

2. Kragarmregale können entsprechend ihrem Verwendungszweck unterschiedlich gestaltet sein. Finden Sie für alle drei abgebildeten Gestaltungsformen von Kragarmregalen jeweils drei Beispiele für geeignetes Lagergut.

beidseitiges Kragarmregal

beidseitiges Kragarmregal mit Fachböden

einseitiges Kragarmregal mit Rohrkragarmen und Fachböden

_____   _____   _____

_____   _____   _____

3. Die Berufsgenossenschaft stellt an die Beschaffenheit von Kragarmregalen eine konkrete Anforderung.

   a) Wie lautet diese Anforderung?

     _____

     _____

     _____

     _____

     _____

   b) Was bezweckt die Berufsgenossenschaft mit dieser Forderung?

     _____

     _____

     _____

     _____

Arbeitsblatt 9:   Verschieberegale

1. Ergänzen Sie den folgenden Text mithilfe des Lehrbuches.

Verschieberegale gehören zu _____ .

Als Antrieb sind möglich:

▪ _____   ▪ _____

Die Bedienung der Verschieberegale erfolgt

▪ _____ oder ▪ _____ _____ .

2. Als Verschieberegale sind geeignet:

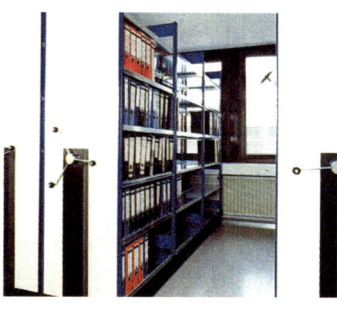

_____

_____

_____

3. Stellen Sie Vor- und Nachteile des Verschieberegals einander gegenüber.

Vorteile	Nachteile

4. Begründen Sie, warum Lichtschranken bei Verschieberegalen erforderlich sind.

_____

Situationsaufgabe:

Sie sind Mitarbeiter/-in der LOGO Lagerausstattung GmbH Dessau. Ihr Unternehmen erstellt dem Einrichtungshaus „Wohnwelten" ein Angebot zur Einrichtung der Zentralregistratur der Kaufhaus-Kette. Sie werden beauftragt, einen Vorschlag zu einer zweckmäßigen Regalausstattung der Zentralregistratur zu erarbeiten. Dazu erhalten Sie folgende Informationen:

4.1. In der Zentralregistratur der Kaufhaus-Kette „Wohnwelten" fallen täglich 900 Schriftstücke an. Diese werden in Ordnern (32 cm Höhe, 8 cm Dicke) in entsprechenden **Fachbodenregalen** abgelegt. Ein Ordner fasst maximal 600 Blätter. Die Regale dürfen maximal 6 übereinanderliegende Böden haben, sodass auch die oberste Reihe mit ausgestrecktem Arm noch erreichbar ist. Die Regale sollen eine Höhe von 2 m haben. Die Regaltiefe soll 325 mm bei einseitiger Nutzung und 650 mm bei doppelseitiger Nutzung betragen. Die Fachbodenregale sollen 4 m lang und der Gang zwischen den Regalen 750 mm breit sein. Sie verschaffen sich zunächst einen Überblick über die Anzahl der benötigten Fachbodenregale und den Flächenbedarf. Dazu stellen Sie folgende Überlegungen an:

a) Wie viele Ordner werden für die Ablage der Schriftstücke in einem Jahr benötigt, wenn 260 Arbeitstage pro Jahr zugrunde gelegt werden?

b) Wie viel lfd. Meter Stellplatz beanspruchen diese Ordner bei einer durchschnittlichen Aufbewahrungsfrist von 10 Jahren?

c) Wie viele Fachbodenregale werden für die Ablage des Schriftgutes in einem Zeitraum von 10 Jahren benötigt? (Zwischenwände der Regale bleiben unberücksichtigt.)

d) Wie viel Lagerfläche benötigt die Kaufhaus-Kette zur Aufbewahrung der Schriftstücke in Stehordnern in o. g. Fachbodenregalen in 10 Jahren?

4.2. Sie erklären dem Vertreter der Kaufhaus-Kette, dass die Aufbewahrung der Ordner in **Verschieberegalen** wesentlich platzsparender ist als in feststehenden Fachbodenregalen, und nennen ihm die **Vorteile** von Verschieberegalen:

Verschieberegale

4.3. Außerdem weisen Sie den Vertreter darauf hin, dass kraftbetriebene verfahrbare Regale mit Schutz-
einrichtungen zur Vermeidung von Unfällen ausgerüstet sein müssen. Diese gibt es in Form von:

_____

_____

_____

_____

_____

4.4. Fertigen Sie zu dem oben genannten Sachverhalt zwei Skizzen an, um dem Kunden die optimale
Raumnutzung durch die Verwendung von Verschieberegalen zu verdeutlichen.

   a)   Skizze: feststehende Fachbodenregale

   b)   Skizze: Verschieberegale

   c)   Errechnen Sie den Flächenvorteil bei der Aufbewahrung des Schriftgutes in Verschieberegalen
innerhalb von 10 Jahren in Prozent. Die Maße des Verschieberegals entsprechen den oben
genannten Maßen des Fachbodenregals.

Arbeitsblatt 10:   Regale – Umlaufregale

1. Umlaufregale zählen zu beweglichen Regalanlagen. Unterscheiden Sie die drei Formen von Umlaufregalen.

_____

_____

_____

_____

2. Nennen Sie die Vorteile von Umlaufregalen.

_____

_____

_____

_____

_____

_____

_____

_____

_____

3. Welche Aussagen über **Umlaufregale** sind richtig? Kennzeichnen Sie die richtigen Aussagen mit 1 und die falschen Aussagen mit 2.

   a) Der Mitarbeiter ist bei der Kommissionierung an einen festen Arbeitsplatz gebunden.

   b) Der Mitarbeiter bewegt sich zur Kommissionierung ans Lagerfach.

   c) Umlaufregale zählen zu den beweglichen Regalanlagen.

   d) Umlaufregale sind als Fachbodenregale, aber nicht als Palettenregale einsetzbar.

   e) Bei Umlaufregalen erfolgt die Einlagerung und Entnahme der Ware von derselben Stelle.

   f) Beim Kommissionieren gilt das Mann-zur-Ware-Prinzip (die statische Bereitstellung).

   g) Für die Lagerung von Ballenware, wie beispielsweise Teppichböden, werden im Einzelhandel vielfach Paternosterregale genutzt.

   h) Eine freie Lagerplatzzuordnung ist nicht möglich.

   i) Die Warenkommissionierung wird durch einen zyklischen Umlauf des Regals beschleunigt.

Arbeitsblatt 11:   Turmregal und automatisches Behälterregal

1. Erklären Sie kurz Aufbau und Funktion des **Turmregals**.

_____

_____

_____

_____

© Westermann Gruppe

2. Nennen Sie Vorteile des Turmregals.

_____

_____

_____

_____

_____

_____

_____

_____

_____

_____

_____

3. Nennen Sie ein wesentliches Unterscheidungsmerkmal bei der Warenauslagerung zwischen Paternosterregal und Turmregal.

_____

_____

_____

_____

_____

_____

_____

_____

_____

_____

_____

_____

_____

4. Ergänzen Sie die Aussagen über das **automatische Behälterregal**.

Dieses Regal gehört zu dem AKL-System. AKL heißt _____ .

Die Lagerung der Güter erfolgt in _____

_____ .

Die Ein- und Auslagerung übernehmen _____ .

Für die Einhaltung des _____ sorgt der Computer. Er sucht bei der Auslagerung automa-

tisch den Behälter, in dem sich das bereits _____ Gut befindet.

5. Ordnen Sie die nummerierten Teile der Abbildung den Bestandteilen des AKL zu.

Nummer	Bauteil
	Tiefenauflage
	Stützrahmen
	Schutzgitter
	Längsriegel
	Verkleidung
	Kunststoffbehälter

Arbeitsblatt 12:   Einschubregal

1. Beschreiben Sie kurz Aufbau und Funktion des Einschubregals.

_____

_____

_____

_____

_____

_____

2. Vergleichen Sie die Ein- und Auslagerung von Gütern im Durchlaufregal und Einschubregal nach den folgenden Kriterien.

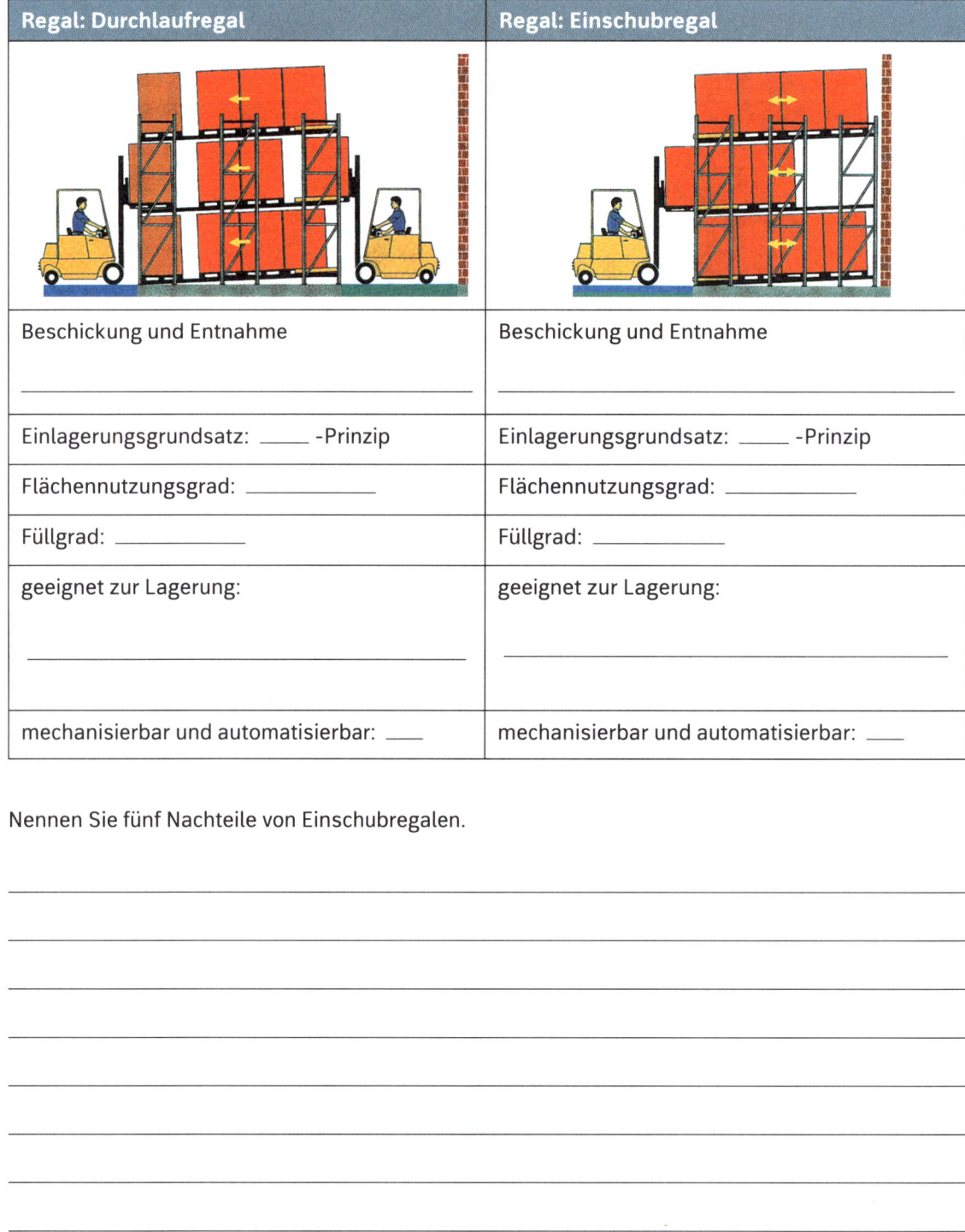

Regal: Durchlaufregal	Regal: Einschubregal
Beschickung und Entnahme	Beschickung und Entnahme
Einlagerungsgrundsatz: _____ -Prinzip	Einlagerungsgrundsatz: _____ -Prinzip
Flächennutzungsgrad: _____	Flächennutzungsgrad: _____
Füllgrad: _____	Füllgrad: _____
geeignet zur Lagerung:	geeignet zur Lagerung:
mechanisierbar und automatisierbar: ____	mechanisierbar und automatisierbar: ____

3. Nennen Sie fünf Nachteile von Einschubregalen.

_____

_____

_____

_____

_____

_____

_____

_____

_____

_____

_____

Arbeitsblatt 13:   Regale – Hochregallager

Großunternehmen lagern ihre Güter vorwiegend in Hochregallagern. Dabei sind vor allem Zentrallager großer Handelsunternehmen wirtschaftlich bedeutsam. Man findet sie häufig an verkehrstechnisch gut erschlossenen Stellen, beispielsweise an Bundesautobahnen bzw. Autobahnkreuzen.

1. Stellen Sie Vorteile und Nachteile von Zentrallagern einander gegenüber.

Vorteile	Nachteile

2. Ab welcher Bauhöhe spricht man bei Regallagern von Hochregalen?

3. Nennen Sie drei Unternehmen in Ihrer näheren Umgebung, die Hochregallager unterhalten.

4. Hochregale können auf unterschiedliche Weise gebaut werden. Man unterscheidet zwischen Einbau-
hochregalen und der gebäudetragenden Silobauweise. Erklären Sie kurz beide Möglichkeiten.

Einbauhochregale	Silobauweise

5. Wie bezeichnet man den zentralen Punkt zur Kontrolle von Abmessungen und Gewichten
sowie zur Datenerfassung der eingehenden Packstücke vor der Einlagerung in ein automatisch
betriebenes Hochregallager?

a) Kontrollpunkt

b) Einlagerungspunkt

c) Kommissionierpunkt

d) Identifikationspunkt

e) Sperrzone

f) Prüfzone

6. Was verstehen Sie unter „Regalgasse"? Wovon ist die Breite dieser Gassen abhängig?

_____

_____

7. Wann kann man auf kurvengängige Regalförderzeuge verzichten?

_____

8. Vergleichen Sie die Vorteile und Nachteile der Lagerung in Hochregalen.

Vorteile	Nachteile

9. Was versteht man unter einem DOPPELSPIEL? Finden Sie die richtige Antwort. ☐

   a) Das Regalbediengerät nimmt zwei Packstücke auf einmal auf.
   b) Zwei Personen bedienen das Regalförderzeug gleichzeitig.
   c) Das Regalbediengerät lagert mit einem Arbeitsgang eine Ladeeinheit ein und auf dem Rückweg eine andere Ladeeinheit aus.
   d) In einem Lagerfach sind zwei Ladeeinheiten nebeneinander gelagert.
   e) Das Regalförderzeug bedient zwei Regalgassen.

10. In einem Hochregallager wird Ware nach dem chaotischen Lagerprinzip gelagert. Wodurch ist eine solche Lagerhaltung gekennzeichnet? ☐

   a) Das Lager ist unordentlich und schmutzig.
   b) Das Lager ist in unterschiedliche Lagerzonen nach Warengruppen aufgeteilt.
   c) Für jede Warenart werden feste Stellplätze vergeben.
   d) Die Lagerung der Ware erfolgt auf freien Lagerplätzen und die Speicherung des Lagerplatzes auf einem Datenträger.
   e) Für jede Warenart wird eine Lagerfachkarte geführt. Die Lagerung erfolgt in Regalfächern.
   f) Ware, die zuletzt eingelagert wurde, wird zuerst ausgelagert.

Arbeitsblatt 14: Voraussetzungen für eine ordnungsgemäße Lagerung

1. Damit die Aufgaben der Lagerhaltung optimal erfüllt werden können, müssen bestimmte Voraussetzungen beachtet werden. Nennen Sie diese.

   _____ _____ _____

2. Sauberkeit ist eine anzustrebende Voraussetzung ordnungsgemäßer Lagerhaltung. Was kann man durch Sauberkeit im Lager nicht direkt erreichen? ☐

   a) eine geringere Verletzungs- und Unfallgefahr
   b) einen guten Eindruck für Lieferer, Kunden, Mitarbeiter und Besucher
   c) eine längere Haltbarkeit der Lagereinrichtungen, Werkzeuge und Transportmittel
   d) weniger Verderb und Ausschuss der Ware
   e) eine Verringerung der durchschnittlichen Lagerdauer der gelagerten Ware
   f) ein angenehmes Arbeiten am Arbeitsplatz

3. Nennen Sie vier Möglichkeiten, die Übersichtlichkeit im Lager zu verwirklichen.

   _____
   _____
   _____
   _____
   _____
   _____
   _____

4. Markieren Sie mit einem Kreuz den nachfolgenden Lagerplatz in die Abbildung.

Lagerplatzkoordinaten	Bedeutung der Koordinaten des Lagerplatzes
03	Regalzeile
01	Längsposition oder Regalfeld
04	Höhenposition oder Regalebene

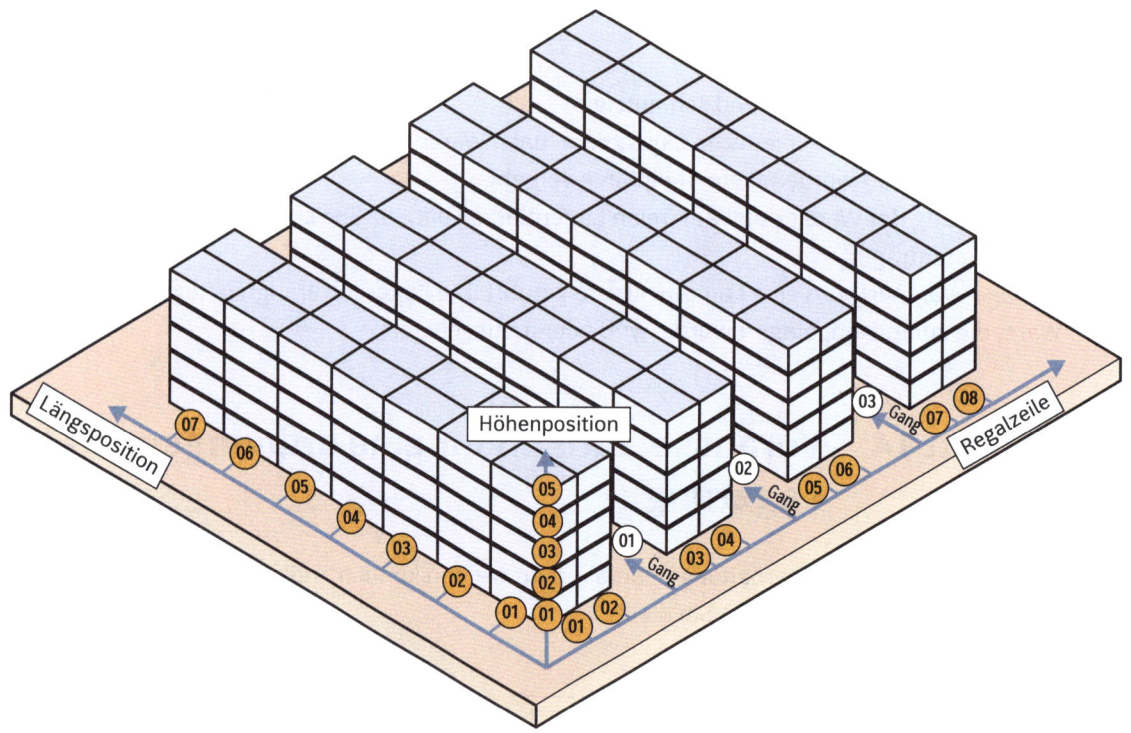

5. Ihnen liegt die abgebildete Lagerfachkarte vor. Wann ist die Bestellung des Artikels Halogen-Einbauleuchte N2 02 zu veranlassen?

Artikel-Nr.: 172528 Halogen-Einbauleuchte 12 V/W N2 02		Mindestbestand: Meldebestand: Höchstbestand:		40 Stück 140 Stück 300 Stück
Datum	Lieferer/Empfänger	Eingang	Ausgang	Bestand
Januar 04.	AB			185
09.	Elektro-Streich		20	
11.	Heim OHG, Leipzig		40	
17.	Elektrowerke GmbH Halle	100		
21.	Brunner KG, Wolfen		60	
24.	Lichthaus Halle		30	

a) am 4. Januar   c) am 11. Januar   e) am 21. Januar
b) am 9. Januar   d) am 17. Januar   f) am 24. Januar

Arbeitsblatt 15:   Den Ausbildungsbetrieb präsentieren

1. Das fachgerechte Lagern von Gütern erfordert eine bestimmte Organisation im Lager und darauf abgestimmte Lagertechnik. Überlegen Sie, welche lagerlogistischen Möglichkeiten in Ihrem Betrieb angewendet werden. Fassen Sie Ihre Kenntnisse in der folgenden Übersicht zusammen.

Ausbildungsbetrieb	
Standort des Ausbildungslagers:	Art des Lagers nach dem Standort:
Branche:	Art des Lagers nach der Betriebsart:
Aufgaben der Lagerhaltung:	Art des Lagers nach der Bauweise:
Anzahl der Lagerhallen:	Anzahl der Mitarbeiter im Lager:
angewendete Lagertechniken:	verfügbare Lagereinrichtungen:
Art des Lagergutes/der Lagergüter:	genutzte Packmittel (Ladungsträger):
Fördermittel für den Gütertransport im Lager:	Lagerprinzip:
Lagerzonen:	Lagerplatznummersystem:

2. Welche konkreten Anforderungen stellt die DGUV Regel 108-007 (ehemals BG-Regel 234) an die Breite von Verkehrswegen im Lager?

3. Zeichnen Sie einen Lagerplan vom Lager Ihres Ausbildungsbetriebes. Berücksichtigen Sie die Flächen der eigentlichen Lagerung in Regalen oder auf dem Boden sowie Arbeitsflächen und Transportwege. Tragen Sie Tore und Türen ein und bemaßen Sie den Grundriss. Halten Sie das Größenverhältnis zwischen Gang- und Stellfläche ein.

4. Stellen Sie Ihren Ausbildungsbetrieb in einer Präsentationsmappe vor, und verdeutlichen Sie dabei die Bedeutung Ihres Betriebes in der Wirtschaftsregion.

Arbeitsblatt 16:   Gesetze und Verordnungen zum Arbeitsschutz und Unfallschutz

Um die Unfallgefahren zu verringern und unsere Lebensgrundlagen, die Umwelt, zu schützen, sind Gesetze und Verordnungen notwendig. Aber nur die Kenntnis dieser gesetzlichen Grundlagen führt auch zum Erfolg. Tragen Sie stichwortartig die wesentlichen Inhalte dieser Gesetze und Verordnungen in die entsprechenden Felder ein.

Gesetz bzw. Verordnung	Wesentliche Inhalte
Arbeits- schutzgesetz	
Betriebs- sicherheits- verordnung	

Gesetz bzw. Verordnung	Wesentliche Inhalte
Bundesimmissionsschutzgesetz	
Geräte- und Produktsicherheitsgesetz	
Arbeitsstättenverordnung	
Gesetz zum Schutz vor gefährlichen Stoffen (Chemikaliengesetz)	
Verordnung zum Schutz vor Gefahrstoffen (Gefahrstoffverordnung)	

Gesetz bzw. Verordnung	Wesentliche Inhalte
Wasserhaushaltsgesetz	
DGUV Vorschriften- und Regelwerk vormals Berufsgenossenschaftliche Regeln (BGR) und Berufsgenossenschaftliche Vorschriften (BGV)	

Arbeitsblatt 17:   Gefahrstoffverordnung

Die Verordnung zum Schutz vor Gefahrstoffen (Gefahrstoffverordnung) umfasst mehrere Aspekte.

1.   Welche Tätigkeiten mit Gefahrstoffen unterliegen der Gefahrstoffverordnung?

2.   Eine Tätigkeit mit Gefahrstoffen darf im Betrieb erst erfolgen, nachdem eine Gefährdungsbeurteilung vorgenommen wurde und erforderliche Schutzmaßnahmen getroffen wurden.
Wer ist zu dieser Gefährdungsbeurteilung grundsätzlich verpflichtet und wer darf sie nur vornehmen?

3. Ordnen Sie die Erklärungen der Gefahrenklassen den Symbolen nach GHS zu, indem Sie die Ziffern 1 bis 8 zu den Symbolen schreiben.

(1) diverse Gesundheitsgefahren

(2) akute Toxizität

(3) explosive Stoffe und Gemische

(4) unter Druck stehende Gase

(5) handätzend, augenschädigend

(6) gewässergefährdend

(7) entzündend wirkend

(8) entzündbar

4. Welche Anforderungen werden an die Verpackung für gefährliche Stoffe gestellt?

_____

_____

_____

_____

_____

_____

5. Nennen Sie fünf Schutzmaßnahmen bei Tätigkeiten mit Gefahrstoffen.

_____

_____

_____

_____

_____

_____

_____

6. Welche Angabe muss in einem Sicherheitsdatenblatt nicht enthalten sein? (Bitte ankreuzen!)

(1) Erste-Hilfe-Maßnahmen

(2) Schutzstufe

(3) Handhabung und Lagerung

(4) Angaben zum Transport

(5) Hinweise zur Entsorgung

7. Welche Pflichten hat der Arbeitgeber beim Umgang mit gefährlichen Stoffen zum Schutz der Arbeitnehmer?

_____

_____

_____

_____

_____

8. Brennbare Flüssigkeiten erfordern besondere Vorsicht.

   a) Welche Anforderungen werden an ein Lager für brennbare Flüssigkeiten gestellt?

_____

_____

_____

_____

_____

   b) Was ist bei der Arbeit mit brennbaren Flüssigkeiten zu beachten?

_____

_____

_____

_____

_____

_____

Arbeitsblatt 18: Brandgefahr

1. Ergänzen Sie folgenden Satz.

Damit Feuer entstehen kann, müssen drei Bedingungen zusammenkommen, und zwar

_____

_____

_____

2. Zählen Sie Beispiele auf, wie es in Lägern zu einem Brand kommen kann.

_____

_____

_____

_____

3. Um Brand gar nicht erst entstehen zu lassen, können folgende Maßnahmen der Brandverhinderung ergriffen werden:

_____
_____
_____
_____

4. Schon beim Bau bzw. bei der Einrichtung von Lagerräumen können (bzw. müssen) Maßnahmen gegen die Brandgefahr ergriffen werden. Zählen Sie derartige Maßnahmen auf.

_____
_____
_____
_____

5. Damit ein Brand frühzeitig erkannt werden kann, sind folgende Einrichtungen geeignet:

_____
_____
_____
_____

6. Schließlich helfen Brandbekämpfungsgeräte oder -anlagen, den Brand zu bekämpfen bzw. die Folgen des Brandes zu begrenzen. Zählen Sie Beispiele mit kurzen Erläuterungen auf.

_____
_____
_____
_____

7. Bringen Sie die folgenden Tätigkeiten bei der Bekämpfung eines kleinen Feuers im Lager für Packmittel durch Zuordnung der entsprechenden Ziffern in die richtige Reihenfolge.

Feuerlöscher zur Löschung vorbereiten
Die Brandstelle nach dem Erlöschen des Feuers beaufsichtigen
Sich der Brandstelle so weit wie möglich nähern
Den Brandherd mit dem Feuerlöscher ersticken
Feueralarm auslösen

Arbeitsblatt 19:   Diebstahlgefahr

Diebstähle sind leider im Lagerbereich, vor allem im Einzelhandel, eine häufige Erscheinung.

1. Unterscheiden Sie die Arten der Diebstähle nach der

Vorgehensweise der Diebe	Art der gestohlenen Gegenstände

2. Die Folgen des Diebstahls können vielfältig sein. Zählen Sie diese auf, und zwar

für den Dieb	für den geschädigten Betrieb

3. Wer kommt als Dieb in Betracht?

_____

_____

_____

_____

_____

_____

4. Der Abschluss von Versicherungen kann keinen Diebstahl verhindern, allenfalls die materiellen Folgen mindern. Es gibt aber eine Reihe von Vorsorge- und Sicherungsmaßnahmen. Zählen Sie diese auf und beurteilen Sie deren Eignung für Ihren Ausbildungsbetrieb.

Vorsorgemaßnahmen	Eignung für den Ausbildungsbetrieb

Praktische Übung

Übung: **Zwischen Eigen- und Fremdlagerung unterscheiden**

Situation

Die Geschäftsentwicklung der Bürotec-GmbH, Bürobedarf und Büroeinrichtungen in München, verläuft äußerst zufriedenstellend. Insbesondere in Berlin und den angrenzenden Bundesländern hat in den letzten Monaten die Zahl der Kunden ebenso zugenommen wie der erzielte Umsatz. Als eine Ursache für die Umsatzsteigerung wird von der Geschäftsleitung der Firma Bürotec GmbH der eingerichtete „Over-Night-Service", heute bis 20:00 Uhr bestellt und morgen im Laufe des Tages ausgeliefert, angesehen. Dieser Service wird gerade von den Kunden in Berlin und Brandenburg immer mehr genutzt. Dieser Trend wird auch durch eine von der Firma Bürotec GmbH

durchgeführte Kundenbefragung bestätigt. Bedauerlicherweise kommt es jedoch immer wieder zu Verzögerungen, sodass bei diesem Service die Liefergarantie nicht immer eingehalten werden konnte. Die Folge sind zunehmend verärgerte Kunden.

Um den Kundenwünschen zu entsprechen, hat die Geschäftsleitung der Firma Bürotec daher entschieden, ein Lager im Bereich Berlin einzurichten. Ein geeignetes Lager mit der entsprechenden Einrichtung ist bereits vorhanden und könnte gekauft bzw. angemietet werden. Als Alternative könnte auch ein Fremdlager mit entsprechender Servicelogistik eingerichtet werden.

Die Entscheidung, ob ein eigenes Lager betrieben oder ein Fremdlager mit dem entsprechenden Service in Anspruch genommen werden soll, soll erst nach einem Kostenvergleich getroffen werden.

Arbeitsauftrag

Der Abteilungsleiter für Logistik beauftragt Sie, anhand der vorliegenden Informationen einen entsprechenden Vorschlag zu erarbeiten. Berücksichtigen Sie dabei folgende Kostensituation:

Einlagerung:	fixe Kosten 50 000,00 €, variable Kosten 5,50 € je Kubikmeter eingelagerter Ware
Fremdlagerung:	je Kubikmeter Lagervolumen einschließlich Serviceleistungen 25,50 €

1. Berechnen Sie die Kosten, die bei der Errichtung bzw. Anmietung eines eigenen Lagers entstehen, wenn folgende Lagerkapazitäten in Anspruch genommen werden: 500, 1 000, 1 500, 2 000, 2 500, 3 000, 3 500 und 4 000 m³.

Lagerkapa-zität in m³	Kosten bei Einlagerung			Kosten bei Fremdlagerung
	fixe Kosten	+ variable Kosten	= Gesamtkosten	
0				
500				
1 000				
1 500				
2 000				
2 500				
3 000				
3 500				
4 000				

2. Berechnen Sie die entsprechenden Kosten bei Fremdlagerung mit Servicefunktion (siehe Tabelle).

3. Ermitteln Sie die „kritische Lagermenge". Welche Aussage lässt sich daraus ableiten?

4. Stellen Sie den Sachverhalt „Kosten der Eigen- und Fremdlagerung" grafisch dar.

5. Geben Sie jeweils drei Beispiele für fixe und variable Lagerkosten.

_____

_____

_____

_____

_____

_____

6. Welche Gründe können für eine Fremdlagerung sprechen?

_____

_____

_____

_____

_____

_____

_____

Lernfeld 3:
Güter bearbeiten

Arbeitsblatt 1:   Arbeitsmittel und Güterpflege

1. In jedem Lager gibt es Arbeitsmittel, die eine professionelle Arbeit ermöglichen. Zählen Sie die wichtigsten Arbeitsmittel in Ihrem Lager auf.

   _____

   _____

   _____

   _____

2. Welche möglichen Ursachen könnten Schäden an Gütern haben? Ordnen Sie folgende Gefahren-quellen den entsprechenden Schäden zu: Druck/Stoß, Hitze/Wärme, Feuchtigkeit, Staub, Lichtein-wirkung, Kälte/Frost, Trockenheit, Lebewesen.

Schäden	Ursachen
Rosten von Metallen, Aufquellen von Holz	
Verderben von Frischprodukten, Flüssigkeitsverlust	
Ausbleichen von Textilien, Vergilben von Papier	
Bruch und Sprünge bei Glas, Verformung von Kartons	
Funktionsstörung empfindlicher, technischer Geräte	
Zerplatzen von Getränkeflaschen	
Geschmacksverlust bei Käse	
Fraßschäden an Gütern und Verpackung	

3. Bringen Sie die folgenden Möglichkeiten des Umgangs mit Abfall in die nach dem Kreislaufwirt-schafts- und Abfallgesetz richtige Stufenfolge durch Eintragen der Ziffern 1 bis 5.

	Beseitigung
	Recycling
	Wiederverwendung
	Vermeidung
	Verbrennung

4. Ein Unternehmen bekommt viele Güter in Holzkisten geliefert und diese werden gemäß den Grundsätzen des Kreislaufwirtschaftsgesetzes verwertet.

   a) Erklären Sie anhand eines Beispiels die stoffliche Verwertung der Holzkisten.

   _____

   _____

   _____

   _____

   b) Erklären Sie anhand eines Beispiels die energetische Verwertung der Holzkisten.

   _____

   _____

   _____

   _____

Arbeitsblatt 2: Inventur

Nach dem HGB sind Kaufleute verpflichtet, mindestens einmal im Jahr eine Inventur durchzuführen. Die Inventur bezieht sich auf alle Vermögenswerte und Schulden des Betriebes. Im Lager haben wir es jedoch nur mit den Lagerbeständen zu tun. Am häufigsten ist die sog. **Stichtagsinventur** am Ende des Geschäftsjahres (meist 31.12.).

1. Beschreiben Sie den Ablauf der Inventur in Ihrem Ausbildungsbetrieb.

   _____

   _____

   _____

   _____

   _____

Beim Vergleich der bei der Inventur ermittelten Bestände (Ist-Bestand) mit den Beständen der Lagerbuchführung (Soll-Bestand) kann es zu Differenzen kommen.

2. Füllen Sie die folgende Tabelle richtig aus.

Nr.	Vorgang	Soll-Bestand ist gegenüber dem Ist-Bestand (größer/kleiner)	Höhe der Differenz
1	Eine Einlagerung von 500 Stück wurde versehentlich doppelt verbucht.		
2	Eine Auslagerung von 40 Stück wurde versehentlich nicht verbucht.		
3	Eine Auslagerung von 60 Stück wurde versehentlich mit 600 Stück verbucht.		

Nr.	Vorgang	Soll-Bestand ist gegen-über dem Ist-Bestand (größer/kleiner)	Höhe der Differenz
4	Eine Einlagerung von 120 Stück wurde versehentlich als Auslagerung verbucht.		
5	Durch unbekannte Diebe wurden 25 Stück entwendet.		
6	Eine Einlagerung von 63 Stück wurde versehentlich 36 Stück verbucht.		

3. Bei der Inventur ist eine Reihe von Arbeiten zu erledigen. Bringen Sie die folgenden Tätigkeiten durch Zuordnung der Ziffern 1 bis 6 in die richtige Reihenfolge.

Tätigkeiten:

☐ Einteilung der Zählteams durch den Lagermeister.

☐ Die ermittelten Bestände werden mit dem Einstandspreis bewertet.

☐ Die Inventur-Bestände werden mit den Beständen aus der Buchführung verglichen.

☐ Das Lager wird aufgeräumt und gesäubert.

☐ Ein Mitarbeiter sagt die gezählten Bestände an, der Teampartner schreibt sie auf.

☐ Nach Differenzen beim Soll-Ist-Vergleich werden Bestände noch einmal gezählt.

4. a) Nennen Sie die vier Inventurverfahren.

_____

_____

_____

_____

_____

_____

b) Bestimmen Sie die geeigneten Inventurverfahren für nachfolgende Sachverhalte.

Sachverhalt	Geeignetes Inventurverfahren
Ein Bekleidungsgeschäft schließt am 31.12. um 13:00 Uhr und macht eine Inventur. Die Bilanz ist auf den 31.12. datiert.	
Für ein Industrieunternehmen machen ca. 5 % der Güter 58 % des Lagerwertes aus.	
Ein Sportgeschäft schließt am 31.10. um 14:00 Uhr wegen Inventurarbeiten. Die Bilanz ist auf den 31.12. datiert.	
In einem Lebensmittelgeschäft erfolgt die Inventur der einzelnen Warengruppen zu einem beliebigen Zeitpunkt. Die Zu- und Abgänge werden zum Bilanzstichtag fortgeschrieben.	

Bei der verlegten Inventur kann die Bestandsaufnahme innerhalb der letzten drei Monate vor bzw. zwei Monate nach dem Bilanzstichtag erfolgen. Da in der Zeit zwischen Stich- und Zähltag Waren hinzukommen bzw. ausgegeben werden, müssen die ermittelten Bestände auf den Bilanzstichtag fortgeschrieben oder zurückgerechnet werden.

5. Ermitteln Sie den Wert der Warenbestände am Bilanzstichtag (31.12.).

    a) Zähltag 10. Oktober; Inventurbestand: 524 800,00 €; Zugänge vom 10.10.–31.12. = 33 400,00 € und Abgänge in dieser Zeit = 64 700,00 €

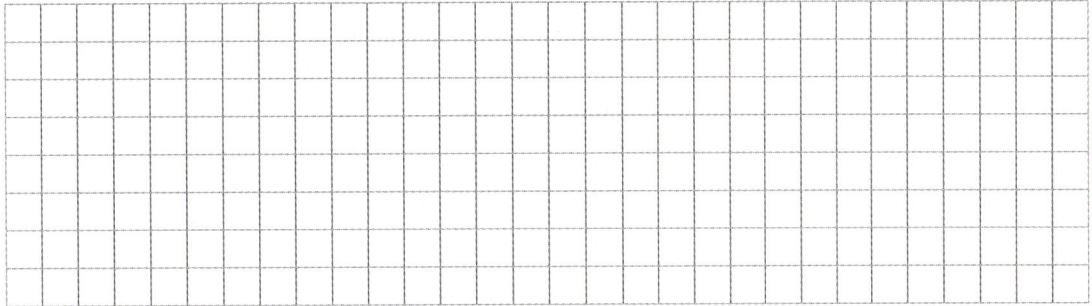

    b) Zähltag 15. Februar nächsten Jahres; Inventurbestand: 1 480 500,00 €; Zugänge vom 31.12.– 15.02. 125 000,00 € und Abgänge in dieser Zeit = 83 600,00 €

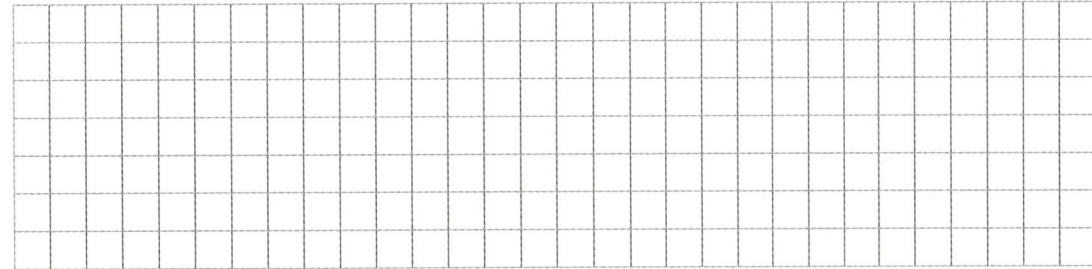

    Angesichts wachsender Lagergrößen im Hinblick auf Menge und Vielfalt der Waren ist unter bestimmten Bedingungen auch die Stichprobeninventur möglich.

6. Welche Voraussetzungen müssen für den Einsatz dieser Methode erfüllt sein?

    _____

    _____

    _____

    _____

    _____

    _____

    _____

    _____

    _____

    _____

    _____

    _____

    _____

    _____

Arbeitsblatt 3: Lagerkosten

Ein Lager verursacht Kosten, die wie folgt unterteilt werden können:

1. a) Berechnen Sie die einzelnen Lagerkosten sowie die gesamten Lagerkosten.

◢	A	B
1		
2	**Entstandene Lagerkosten 2017**	**in €**
3	Löhne	540.000,00
4	Gehälter	310.000,00
5	Weihnachtsgeld	25.500,00
6	Urlaubsgeld	21.300,00
7	Sozialversicherungsbeiträge	214.550,00
8	**Personalkosten**	
9	Energiekosten	9.800,00
10	Miete	5.400,00
11	Abschreibungen	8.960,00
12	Reinigungskosten	11.350,00
13	Versicherungsbeiträge	4.980,00
14	**Lagerraumkosten**	
15	gebundenes Kapital	230.000,00
16	Veralten, Schwund	3.600,00
17	Ausschuss durch Beschädigungen	2.780,00
18	Versicherungsbeiträge	9.560,00
19	**Kosten für gelagerte Ware**	
20	Abschreibungen der Fördermittel	13.500,00
21	Wartungskosten	1.200,00
22	Reparaturkosten	4.750,00
23	Betriebskosten	3.600,00
24	Versicherungsbeiträge	1.890,00
25	**Kosten für Fördermittel**	
26	Verpackungsmaterial	6.730,00
27	Büromaterial	1.830,00
28	Computerverwaltungssysteme	4.900,00
29	**Lagerverwaltungskosten**	
30	**Gesamte Lagerkosten**	
31		

b) Geben Sie die Formeln an, mit denen die folgende Zellen berechnet werden können.

B8	
B14	
B19	
B25	
B29	
B30	

2. Zeigen Sie Möglichkeiten und ggf. Grenzen der Kostensenkung auf.

Personalkosten	
Raumkosten	
Warenkosten	
Kosten für Einrichtung und Fördermittel	
Materialkosten	

3. Erläutern Sie in Bezug auf das Lager den Unterschied zwischen fixen und variablen Kosten und nennen Sie Beispiele.

Arbeitsblatt 4: Lagerkennziffern

In einem Handelsbetrieb wurden für einen bestimmten Artikel folgende Lagerbestände ermittelt:

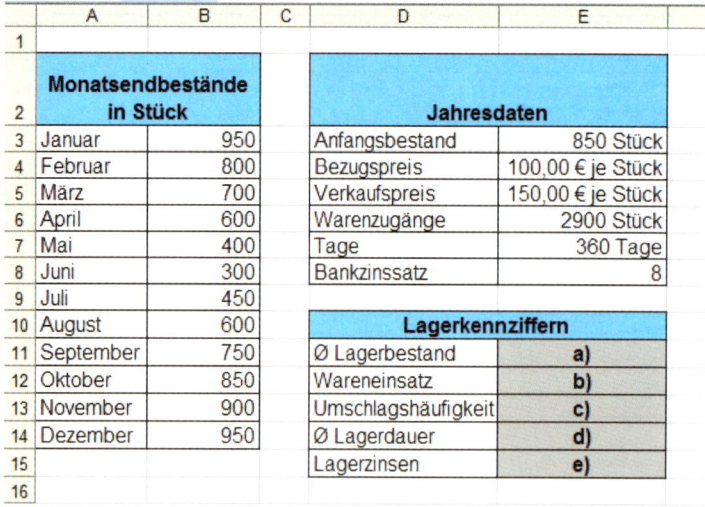

	A	B	C	D	E
1					
2	**Monatsendbestände in Stück**			**Jahresdaten**	
3	Januar	950		Anfangsbestand	850 Stück
4	Februar	800		Bezugspreis	100,00 € je Stück
5	März	700		Verkaufspreis	150,00 € je Stück
6	April	600		Warenzugänge	2900 Stück
7	Mai	400		Tage	360 Tage
8	Juni	300		Bankzinssatz	8
9	Juli	450			
10	August	600		**Lagerkennziffern**	
11	September	750		Ø Lagerbestand	a)
12	Oktober	850		Wareneinsatz	b)
13	November	900		Umschlagshäufigkeit	c)
14	Dezember	950		Ø Lagerdauer	d)
15				Lagerzinsen	e)
16					

1. Ermitteln Sie den durchschnittlichen Lagerbestand,

     a) indem nur der Anfangs- und der Endbestand berücksichtigt werden.

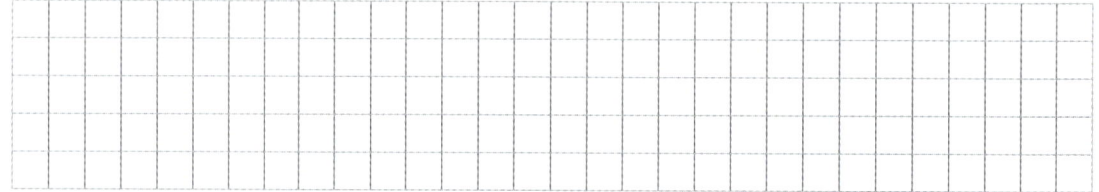

     b) indem der Anfangsbestand und die Quartalsendbestände berücksichtigt werden.

     c) indem der Anfangsbestand und die Monatsendbestände berücksichtigt werden.

2. Welcher Durchschnittsbestand ist der genaueste und warum?

_____

_____

_____

_____

3. Wie hoch ist der Wert des durchschnittlichen Lagerbestandes?

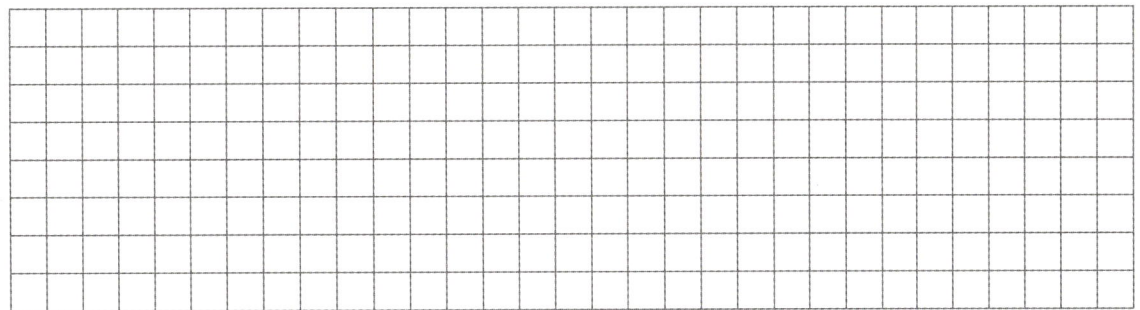

4. Im o. a. Handelsbetrieb wurden für dieses Jahr und diesen Artikel Kosten in Höhe von 60000,00 €
ermittelt.

Frage/Rechenweg bzw. Formel	Ausrechnung	Ergebnis
a) **Wie hoch war der Warenabsatz?**		
b) **Wie hoch war der Wareneinsatz?**		
c) **Wie hoch war der Warenumsatz?**		
d) **Wie hoch ist der Rohgewinn?**		
e) **Wie hoch ist der Reingewinn?**		
f) **Wie hoch ist die Umschlagshäufigkeit?**		
g) **Wie lang ist die durchschnittliche Lagerdauer?**		
h) **Wie hoch sind die Lagerzinsen, wenn mit einem Bankzinssatz von 8 % gerechnet wird?**		

Frage/Rechenweg bzw. Formel	Ausrechnung	Ergebnis
i) **Mit welcher Lagerreichweite in Tagen kann gerechnet werden bei einem momentanen Bestand von 820 Stück und laufenden Bestellungen über 380 Stück und einem Tagesverbrauch von 200 Stück?**		
j) **Wie hoch ist der Lagerzinssatz?**		

5. Geben Sie die Formeln an, mit denen die fehlenden Ergebnisse in den grauen Zellen berechnet werden können.

a)	
b)	
c)	
d)	
e)	

6. Wie würde sich die o. a. Umschlagshäufigkeit verändern, wenn der Wareneinsatz um 40 000,00 € und der Wert des durchschnittlichen Warenbestandes um 10 000,00 € gesunken sind?

7. Welche Erkenntnisse können aus der Höhe der Umschlagshäufigkeit gezogen werden?

_____

_____

_____

_____

_____

8. Welche Maßnahmen sind geeignet, die Umschlagshäufigkeit zu steigern? (Bitte ankreuzen!)

   a) Erhöhung des Lagerbestandes, durch Einkauf größerer Mengen, um Mengenrabatt auszunutzen ☐

   b) Verstärkung der Werbemaßnahmen ☐

   c) Verminderung des Lagerbestandes durch Aussortieren sog. Lagerhüter ☐

   d) Senkung der Verkaufspreise, um den Absatz zu steigern ☐

   e) Häufigere Inventuren, um ein exaktes Bild über den tatsächlichen Lagerbestand zu haben. ☐

9. Ergänzen Sie sinnvoll die folgenden Pfeile.
   (Dabei gilt: → = konstant; ↑ = Steigerung; ↓ = Senkung)

Wareneinsatz	→	☐		↑		→		↓
Lagerbestand		↑	→	↑	☐		→
Umschlagshäufigkeit	☐		↑	☐		↑	☐

10. Nehmen Sie Stellung zu folgenden Aussagen.

    a) „Eine Erhöhung der Umschlagshäufigkeit führt automatisch zu einer Erhöhung des Gewinns!"

    _____

    _____

    _____

    _____

    _____

    b) „Die Erhöhung der Umschlagshäufigkeit kann ohne Probleme durch die Verringerung des Warenbestandes erreicht werden."

    _____

    _____

    _____

    _____

    _____

    _____

Praktische Übung

Übung 1:   Inventurarbeiten ausführen

Situation

Kurz vor dem Jahreswechsel steht – wie in jedem Jahr – die Inventur bei der Firma Walther & Schmidt GmbH in Emden an. Es handelt sich um ein Großhandelsunternehmen der Sanitärbranche, das ca. 12 000 Artikel im Lager hat. Ihr Auftrag ist es, dem Lagermeister bei der Planung und Durchführung der Inventur zur Hand zu gehen.

Aufgaben

1. Beschreiben Sie, welche vorbereitenden Arbeiten Sie vornehmen.

   _____

   _____

   _____

   _____

2. Erläutern Sie, wie Sie die Mitarbeiter einsetzen wollen, wie diese vorzugehen haben und auf welche Weise das Inventurergebnis dokumentiert wird.

   _____

   _____

   _____

   _____

   Nachdem die Inventurlisten im Büro abgegeben worden sind, wird u. a. festgestellt, dass
   - beim Artikel Nr. 334 867 B 004 statt 36 nur 30 Artikel gezählt wurden,
   - beim Artikel Nr. 335 774 B 012 statt 90 Stück 100 gezählt wurden.

3. Erklären Sie den Begriff **„Soll-Ist-Vergleich"**.

   _____

   _____

   _____

4. Beschreiben Sie, was **zunächst** zu tun ist, wenn eine Differenz (s. o.) festgestellt wurde.

   _____

   _____

5. Zählen Sie mögliche Erklärungen (außer Verzählen bei der Inventur) für die o. a. Differenzen auf.

   Artikel Nr. 334 867 B 004   (zu wenig)   Artikel Nr. 335 774 B 012   (zu viel)

   _____

   _____

   _____

   _____

   _____

6. Nehmen Sie an, dass die Differenz nicht aufgeklärt werden kann. Was ist jetzt zu tun?

   _____

   _____

Praktische Übung

Übung 2:   Lagerkennziffern ermitteln

Situation

Sie sind als Mitarbeiter der Funsport GmbH für die Erfassung und Fortschreibung aller Warenein- und ausgänge verantwortlich. Zu Ihren Aufgaben gehört auch das Ermitteln und Aufbereiten der entsprechenden Kennziffern aus diesem Bereich.

Ihnen liegt folgender Auszug aus der Lagerdatei (Stand 14. März) vor:

Artikelbezeichnung:	Maxi-Stepper mit Computer
Artikelnummer:	565896
Verpackungseinheit:	Paket zu je ein Stück
Lieferer:	Nippon Import AG
	Hafenstraße 110
	20188 Hamburg
Mindestbestand:	150 Stück
Meldebestand:	300 Stück
Beschaffungszeit:	6 Arbeitstage
Höchstbestand:	

Datum	Zugänge	Abgänge	Bestand
01-02			250
01-05	500	25	725
01-11		100	625
01-12		50	575
01-15		150	425
01-22		68	357
01-23		33	324
01-23		45	279
01-28	500		779
01-31		77	702

Datum	Zugänge	Abgänge	Bestand
02-02		120	582
02-05		22	560
02-11		23	537
02-18		78	459
02-24		82	377
02-27		25	352
03-01	500	150	702
03-04		76	626
03-07		35	591
03-12		25	566
03-14		100	466

Aufgaben

1. Ergänzen Sie die Lagerdatei bis zum Quartalsende. Es sind noch folgende Bewegungen zu buchen:

Datum	Zugänge	Abgänge
03-16		25
03-19		76
03-22	500	25
03-29		78
03-31		137

2. Berechnen Sie den durchschnittlichen Lagerbestand für das erste Quartal.
   (Lösungshinweis: Nur Anfangsbestand und Monatsendbestände berücksichtigen!)

3. Ermitteln Sie den **Absatz** für

    a) das erste Quartal.

    b) 1 Tag (im ersten Quartal rechnen wir mit 65 Arbeitstagen).

4. Prüfen Sie, ob der **Meldebestand** aufgrund der Absatzzahlen geändert werden muss.

5. Welche Probleme können sich in der betrieblichen Praxis ergeben, wenn die Bestellungen nur aufgrund des rechnerisch ermittelten Meldebestandes erfolgen?

6. Berechnen Sie die **Umschlagshäufigkeit** und die **durchschnittliche Lagerdauer**.

7. Einer Fachzeitschrift entnehmen Sie, dass die Umschlagshäufigkeit in der Branche durchschnittlich höher ist als die von Ihnen errechnete. Machen Sie Vorschläge von Lagerseite, die geeignet sind, die Umschlagshäufigkeit zu erhöhen.

_____

_____

_____

_____

_____

_____

_____

Praktische Übung

Übung 3:   Material disponieren

Situation

Sie sind Mitarbeiter bei dem Büromöbelhersteller Büro 3000 GmbH in Leer (Ostfr.). Zu Ihrem Aufgaben-
gebiet gehört auch die Materialdisposition. Ihnen liegt zum Artikel 2300201 (Schloss DIN 520) folgende
Datei vor:

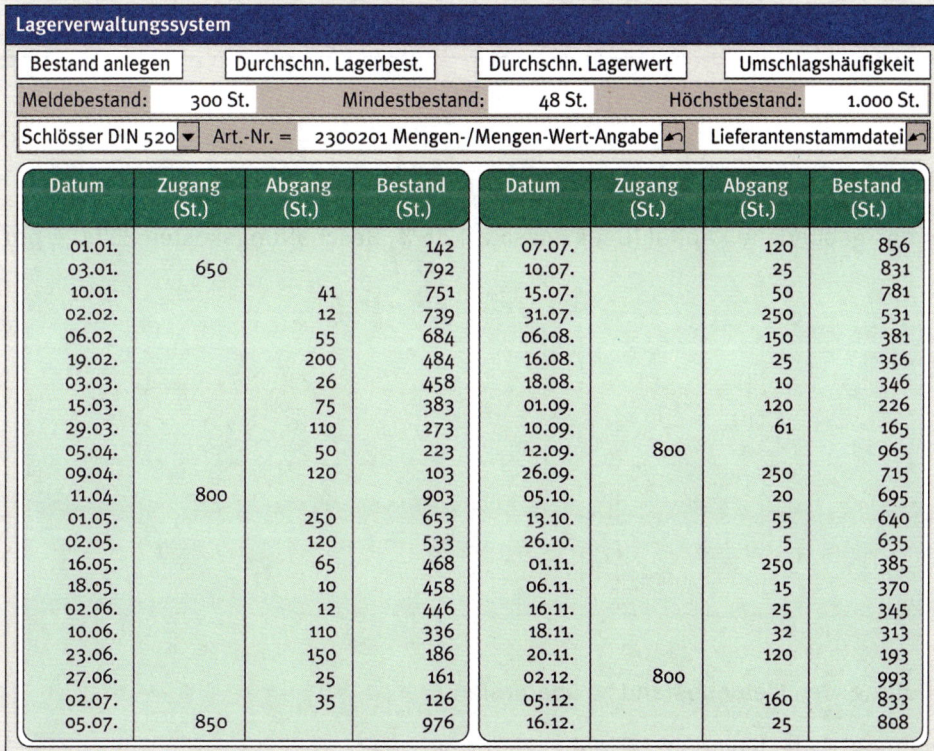

Lagerverwaltungssystem

Bestand anlegen	Durchschn. Lagerbest.	Durchschn. Lagerwert	Umschlagshäufigkeit
Meldebestand: 300 St.	Mindestbestand: 48 St.	Höchstbestand: 1.000 St.	

Schlösser DIN 520 ▼ Art.-Nr. = 2300201 Mengen-/Mengen-Wert-Angabe ⬏ Lieferantenstammdatei ⬏

Datum	Zugang (St.)	Abgang (St.)	Bestand (St.)	Datum	Zugang (St.)	Abgang (St.)	Bestand (St.)
01.01.			142	07.07.		120	856
03.01.	650		792	10.07.		25	831
10.01.		41	751	15.07.		50	781
02.02.		12	739	31.07.		250	531
06.02.		55	684	06.08.		150	381
19.02.		200	484	16.08.		25	356
03.03.		26	458	18.08.		10	346
15.03.		75	383	01.09.		120	226
29.03.		110	273	10.09.		61	165
05.04.		50	223	12.09.	800		965
09.04.		120	103	26.09.		250	715
11.04.	800		903	05.10.		20	695
01.05.		250	653	13.10.		55	640
02.05.		120	533	26.10.		5	635
16.05.		65	468	01.11.		250	385
18.05.		10	458	06.11.		15	370
02.06.		12	446	16.11.		25	345
10.06.		110	336	18.11.		32	313
23.06.		150	186	20.11.		120	193
27.06.		25	161	02.12.	800		993
02.07.		35	126	05.12.		160	833
05.07.	850		976	16.12.		25	808

Aufgaben

1. Ihr Abteilungsleiter benötigt folgende Kennziffern:

   a) den **durchschnittlichen Lagerbestand** (AB + Monatsendbestände berücksichtigen – auf volle
      Stückzahl aufrunden!)

_____

b) den **Jahresverbrauch**

c) die **Umschlagshäufigkeit** (2 Stellen hinter dem Komma)

d) die **durchschnittliche Lagerdauer** (auf volle Tage aufrunden)

e) die **Zinsen** für das gebundene Kapital (Bankzinssatz 12,5 %, Beschaffungskosten 25,00 € pro Schloss)

2. Sie erhalten den Auftrag, den Meldebestand zu überprüfen.

a) Welche Beschaffungsdauer liegt dem Meldebestand zugrunde? (Arbeitstage pro Jahr 270)

b) Ermitteln Sie anhand der vorliegenden Datei, wie lang die tatsächliche, durchschnittliche Beschaffungsdauer war.

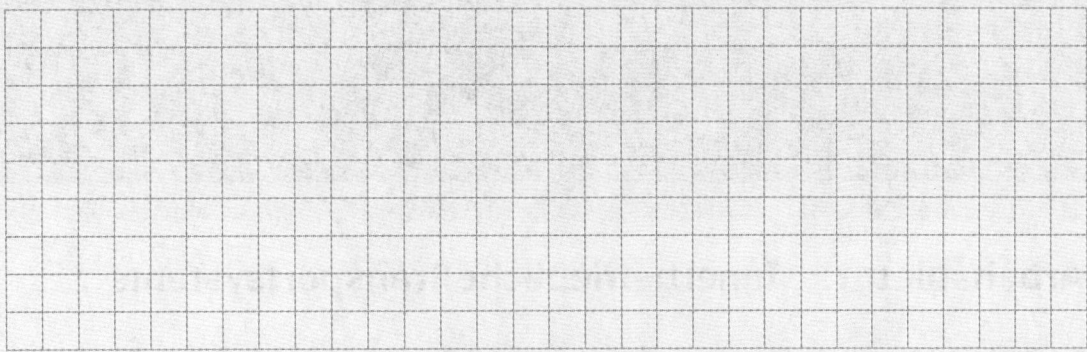

c) Welche Konsequenzen könnten sich für den Meldebestand ergeben?

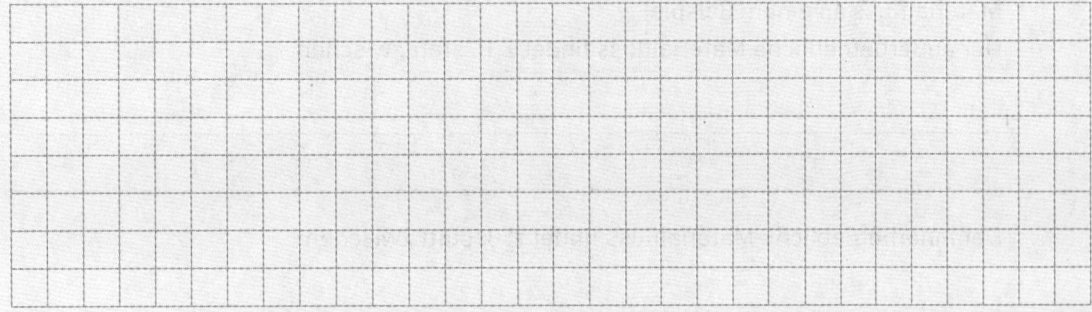

Lernfeld 4:
Güter im Betrieb transportieren

Arbeitsblatt 1: Innerbetriebliche Transportsysteme

1. Ihr Ausbildungsbetrieb plant ein neues Lager.

   a) Erklären Sie den Unterschied zwischen dem außerbetrieblichen und dem innerbetrieblichen Materialfluss an einem Beispiel.
   Der außerbetriebliche Materialfluss findet z. B. statt zwischen:

   _____

   _____

   Der innerbetriebliche Materialfluss findet z. B. statt zwischen:

   _____

   _____

   b) Welche Fragen stellen sich bei der Gestaltung des innerbetrieblichen Materialflusses?

   _____

   _____

   _____

   _____

   _____

   _____

   _____

   c) Welche Ziele verfolgt ein optimaler innerbetrieblicher Materialfluss?

   _____

   _____

   _____

   _____

   _____

   _____

   _____

   _____

d) Nach welchen Kriterien können Transportmittel für den innerbetrieblichen Transport eingeteilt werden?

_____   _____

_____   _____

_____   _____

_____   _____

2. Stellen Sie fest, bei welchen Tätigkeiten es sich
   - um einen Materialfluss $\boxed{M}$,
   - um einen vorausgehenden Informationsfluss $\boxed{V}$,
   - um einen begleitenden Informationsfluss $\boxed{B}$,
   - um einen nachfolgenden Informationsfluss $\boxed{N}$,
   - um einen entgegenlaufenden Informationsfluss $\boxed{E}$
   handelt.

a) Die Rechnung wird der Warenlieferung beigelegt. ☐ ☐

b) Der Staplerfahrer entlädt einen Lkw und meldet nach der Entladung den ordnungsgemäßen Empfang von 20 Paletten per Terminal an den Lagerverwaltungsrechner. ☐ ☐

c) Die Einkaufsabteilung teilt dem Lieferanten per E-Mail mit, dass die eingegangene Lieferung Qualitätsmängel aufweist und bittet um Klärung. ☐

d) Die Abteilung Wareneingang teilt der Abteilung Produktion mit, dass die bestellte Ware eingetroffen ist und zur Abholung bereitgehalten wird. ☐

e) Der Kommissionierer erhält per Pick by Voice den Kommissionierauftrag. Er bewegt sich zum Regalfach, greift die Teile und erfasst die Entnahme mit dem mitgeführten Barcodescanner. ☐ ☐ ☐

3. Ordnen Sie die folgenden Definitionen den unten stehenden Fachbegriffen zu.

Definitionen

(1) Packmittel, die das Fördergut lager-, lade- und transportfähig machen

(2) Oberbegriff für Transportmittel für den innerbetrieblichen Transport

(3) Fördermittel mit fester Transportstrecke und kontinuierlichem Materialfluss

(4) Fördermittel, die hauptsächlich dem Transport in vertikaler Richtung dienen

(5) Fördermittel, die durch Induktionsschleifen am Boden oder über Lasertechnik ihren Weg finden

(6) Fördermittel, die ihre Last auf dem Boden auf unterschiedlicher Transportstrecke bewegen

(7) Fördermittel, das sich nur innerhalb des Regalbereichs bewegt und häufig mit der Regalanlage fest verbunden ist

Fachbegriffe

☐ Flurförderzeuge

☐ Förderhilfsmittel

☐ Stetigförderer

☐ Hebezeuge

☐ Regalbediengerät

☐ fahrerlose Transportsysteme

☐ Fördermittel

4. Nachfolgend sind zwölf verschiedene Fördermittel für den innerbetrieblichen Transport aufgeführt. Ordnen Sie die Fördermittel den Oberbegriffen im darunter stehenden Diagramm zu. Gabelstapler, Brückenkran, Becherwerk, Gabelhubwagen, Portalkran, fahrerloses Transportsystem, Rollenbahn, Drehkran, Schlepper, Kettenförderer, Aufzug, Röllchenbahn

Fördermittel		
		Unstetigförderer
Stetigförderer	**Hebezeuge**	**Flurförderzeuge**
_____	_____	_____
_____	_____	_____
_____	_____	_____
_____	_____	_____
_____	_____	_____
_____	_____	_____

5. Gabelstapler werden am Markt für den jeweiligen Verwendungszweck in unterschiedlichsten Ausführungen und Ausstattungen angeboten. Ordnen Sie den verschiedenen Verwendungszwecken die entsprechende Ausführung/Ausstattung zu.

Verwendungszweck

(1) Einsatz nur in geschlossenen Lagern

(2) Transport auf kurzen Strecken ohne Einlagerungen in Regalen

(3) hohe Wendigkeit in den Regalgängen

(4) häufige Rückwärtsfahrten

(5) Einsatz in Lagern mit brennbaren Gasen

(6) Staplereinsatz zum Be- und Entladen von Paletten von Lkws und an Rampen

(7) Einlagerung von Paletten in 6 m Höhe

(8) manuelle Einlagerung und Entnahme von Teilen in bzw. aus Regalfächern in 4 m Höhe

(9) Staplereinsatz in einem Lager mit geringer Bodenbelastbarkeit

Ausführung/Ausstattung

Vierfachmaststapler ☐

freitragender Stapler ☐

Kommissionierstapler ☐

Gabelhubwagen ☐

dreirädriger Stapler ☐

ex-geschützter Stapler ☐

radunterstützter Stapler ☐

Elektrostapler ☐

Seitsitzstapler ☐

6. Stetigförderer sind Fördermittel mit einem festen, gleichbleibenden Transportweg.

a) In welchen Fällen ist der Einsatz von Stetigförderern sinnvoll? Nennen Sie auch Beispiele für den Einsatz von Stetigförderern.

_____

_____

_____

_____

b) Welche Vorteile hat der Einsatz von Stetigförderern?

_____

_____

_____

c) Welche Nachteile hat der Einsatz von Stetigförderern?

_____

_____

_____

d) Worin besteht der Unterschied zwischen flurfreien und flurgebundenen Stetigförderern? Nennen Sie auch jeweils drei Beispiele.

_____

_____

_____

_____

_____

_____

_____

_____

7. Nennen Sie zwei Beispiele, wie der Einsatz von RFID an Staplern den Materialfluss verbessern kann.

_____

_____

_____

_____

_____

8. Ordnen Sie die abgebildeten Stetigförderer den Fachbegriffen zu.

Fachbegriffe:

Röllchenbahn	Rollenbahn
Spiralförderer	Senkrechtförderer
Drehbühne	Becherwerk

9. Ordnen Sie die abgebildeten flurgebundenen Transportmittel den Fachbegriffen zu.

Fachbegriffe:

Handgabelhubwagen	☐	
radunterstützter Elektrohandstapler	☐	
Schubmaststapler	☐	
Hochregalstapler	☐	

Elektro-Deichsel-Gabelhubwagen	☐	
freitragender Dreiradstapler	☐	
Kommissionierstapler	☐	
Regalbediengerät	☐	

10. Ordnen Sie die abgebildeten Hebezeuge den Fachbegriffen zu.

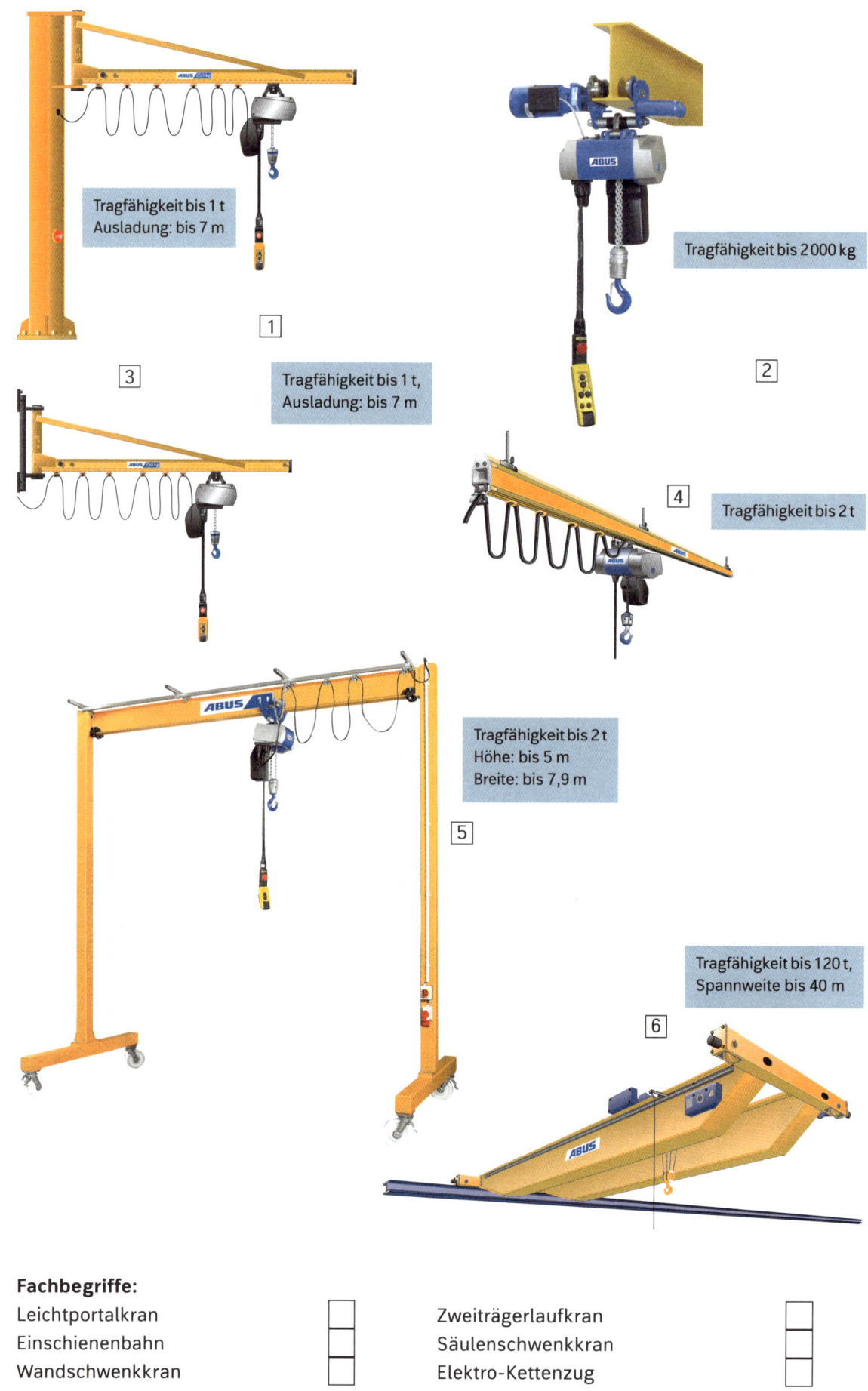

Tragfähigkeit bis 1 t
Ausladung: bis 7 m

1

Tragfähigkeit bis 2 000 kg

2

3

Tragfähigkeit bis 1 t,
Ausladung: bis 7 m

4

Tragfähigkeit bis 2 t

Tragfähigkeit bis 2 t
Höhe: bis 5 m
Breite: bis 7,9 m

5

Tragfähigkeit bis 120 t,
Spannweite bis 40 m

6

Fachbegriffe:

Leichtportalkran		Zweiträgerlaufkran	
Einschienenbahn		Säulenschwenkkran	
Wandschwenkkran		Elektro-Kettenzug	

11. Ein Behälter aus Eisen ist 1,60 m lang, 1,20 m breit und 1 400 kg schwer. Sein Schwerpunkt liegt in der Mitte des Behälters. Stellen Sie fest, ob und wie der Behälter mit einem Gabelstapler mit dem abgebildeten Lastschwerpunkt-Diagramm in ein Regalfach in 4,5 m Höhe gehoben werden darf.

Höhe in mm	Lastgewicht Q in kg			
5430	910	1060	1290	1440
5030	970	1140	1380	1540
4830	1010	1180	1430	1600
4100	1010	1180	1430	1600
3300	1010	1180	1430	1600
Lastschwerpunkt-abstand in mm	1000	800	600	500

_____

_____

_____

_____

_____

12. Beim Einsatz von fahrerlosen Transportsystemen wird dem Fahrzeug vor der Fahrt über EDV der Zielort/Empfangsort eingegeben. Wie findet das Fahrzeug den Weg zum Zielort

a) bei induktiver Steuerung?

_____

_____

_____

_____

b) bei Lasernavigation?

_____

_____

_____

_____

13. Welche Sicherungen werden bei fahrerlosen Transportsystemen eingesetzt, um Zusammenstöße und Unfälle zu vermeiden?

_____

_____

_____

_____

_____

14. Nennen Sie je drei

a) Hilfsmittel zum Heben und Tragen von leichten Lasten.

_____

b) Hilfsmittel zum Heben und Bewegen von schweren Lasten.

_____

c) Transportmittel, bei denen zum Heben und Befördern die menschliche Kraft erforderlich ist.

_____

15. Worin unterscheiden sich regalabhängige und regalunabhängige Regalbediengeräte?

_____

_____

_____

_____

_____

16. Regalbediengeräte dienen der rationellen Einlagerung und Auslagerung von Gütern in den Regalen.

a) Was versteht man unter der Umschlagsleistung von Regalbediengeräten?

_____

_____

b) Wovon hängt die Umschlagsleistung ab?

_____

_____

_____

_____

_____

_____

_____

17. Ein Forschungsinstitut hat die Einlagerungskapazität bei einer Palettenlagerung in Abhängigkeit vom Lagerbediengerät untersucht und ist zu folgenden Kennzahlen gekommen:

	Gabelstapler	Stapelkran	Regalbediengerät
Umbauter Raum des Lagers	4100 m³	4100 m³	4100 m³
Maximaler Rauminhalt der einzulagernden Güter	825 m³	1238 m³	2180 m³
Anzahl der eingelagerten Paletten	424	636	1120
Raumnutzungsgrad			

a) Berechnen Sie die Raumnutzugsgrade in Prozent für die jeweiligen Lagerbediengeräte und tragen Sie diese in die obige Tabelle ein. Runden Sie auf eine Stelle nach dem Komma.

$$\text{Raumnutzungsgrad in \%} = \frac{(\text{maximaler Rauminhalt der einzulagernden Güter in m}^3 \cdot 100)}{\text{umbauter Raum des Lagers in m}^3}$$

_____

_____

_____

b) Um wie viel Prozent kann die Anzahl der eingelagerten Paletten bei dem Einsatz eines Staplerkrans und eines Regalbediengerätes gegenüber einem Gabelstapler erhöht werden?

Erhöhung gegenüber dem Stapelkran:

_____

_____

Erhöhung gegenüber dem Regalbediengerät:

_____

_____

Arbeitsblatt 2: Organisation des Arbeitsschutzes

Die Sicherheit im Lager ist für Arbeitgeber und Arbeitnehmer gleichermaßen wichtig. Damit die Organisation des Arbeitsschutzes gelingt und alle Beteiligten wissen, welche Aufgaben und Kompetenzen sie in diesem Zusammenhang haben, wurden hierzu in verschiedenen Gesetzen, Verordnungen und Vorschriften Regelungen getroffen.

1. Welche Pflichten hat der Arbeitgeber im Hinblick auf den Arbeitsschutz?

_____

_____

_____

_____

_____

_____

2. Welche Pflichten hat der Arbeitnehmer im Hinblick auf den Arbeitsschutz?

_____

_____

_____

_____

3. In welchen Betrieben ist ein Sicherheitsbeauftragter zu bestellen und welche Aufgaben hat dieser?

_____

_____

_____

_____

_____

4. Wie muss nach § 89 des Betriebsverfassungsgesetzes der Betriebsrat am Arbeits- und Unfallschutz beteiligt werden?

_____

_____

_____

_____

_____

_____

_____

_____

_____

_____

5. Was versteht man unter einer „Sicherheitsfachkraft"?

_____

_____

_____

_____

6. Welche Aufgaben haben Betriebsärzte und Sicherheitsfachkräfte?

_____

_____

_____

_____

_____

_____

_____

_____

7. Was versteht man unter Berufsgenossenschaften und welche Aufgaben haben sie?

_____

_____

_____

_____

8. Welche Berufsgenossenschaft ist für Sie zuständig?

_____

9. Was versteht man unter einem „Arbeitsschutzausschuss"?

_____

_____

_____

10. Wozu sind Berufsgenossenschaften und zuständige Stellen (Gewerbeaufsicht) nach dem Arbeitsschutzgesetz befugt?

_____

_____

_____

_____

_____

_____

_____

_____

Arbeitsblatt 3:   Sicherer Umgang mit Fördermitteln

Der 17-jährige Robert wird seit einem halben Jahr in einem Sanitärgroßhandel als Fachkraft für Lagerlogistik ausgebildet. Er würde gerne wie seine Kollegen mit dem Gabelstapler fahren und fragt den Lagermeister, wann er endlich die Gelegenheit dazu bekäme. Der Lagermeister klärt ihn über die Voraussetzungen für das Fahren mit dem Gabelstapler auf.

1. Welche sind diese Voraussetzungen?

_____

_____

_____

_____

2. Nachdem Robert volljährig geworden ist, wird er zu einer Schulung eingeladen, um seinen Staplerführerschein zu machen. Dabei lernt er, dass nicht nur die Eignung des Fahrzeugführers Voraussetzung für sicheres Fahren mit dem Gabelstapler ist. Auch der einwandfreie Zustand des Flurförderzeuges ist wichtig.

Welche Maßnahmen sind geeignet, ein sicheres Arbeiten mit dem Gabelstapler zu gewährleisten?

_____

_____

_____

_____

_____

_____

3. Ein falscher Umgang mit dem Gabelstapler führt immer wieder zu Unfällen.
Wie sind in diesem Zusammenhang folgende Situationen zu beurteilen?

a) Um keine unnötige Zeit zu verlieren, hält sich der Staplerfahrer nicht mit der Überprüfung des Gabelstaplers beim Arbeitsbeginn auf.

_____

b) Weil der Weg von der Halle zum Büro so weit ist, nimmt der Staplerfahrer die Sekretärin ein Stück mit.

_____

_____

c) Beim Abwärtsfahren von einer schrägen Rampe fällt die Palette von den Gabeln.

_____

d) Weil die aufgenommene Last sehr hoch ist, kann der Fahrer den Fahrweg nicht vollständig einsehen.

_____

_____

e) Um einen Lkw schneller entladen zu können, nimmt der Staplerfahrer die Gabeln schon wieder hoch, während er vom Lager zum Lkw fährt.

_____

_____

f) Die Leuchtröhre an der Hallendecke muss ausgewechselt werden. Der auf den Staplergabeln heraufgefahrene Kollege erledigt dies im Nu.

_____

_____

g) Um keine Zeit zu verlieren, parkt der Fahrer während des Gangs zur Toilette den betriebsberei-
ten Gabelstapler.

_____

_____

4. a) Welche Grundregeln sollten beim Heben und Tragen beachtet werden, damit die Belastung der
Wirbelsäule und der Bandscheiben gering gehalten wird?

_____

_____

_____

_____

_____

_____

b) In einem Betrieb sind häufig flächige Güter wie Glasscheiben und Stahlbleche, aber auch
gebündeltes Stabeisen per Hand zu transportieren. Welche Transporthilfen eignen sich hierfür?

_____

_____

5. Die körperliche Belastung beim Heben und Tragen von Gütern hängt u. a. ab von Alter und
Geschlecht sowie der Häufigkeit.

a) Welche Gewichte sollten Männer und Frauen beim Heben und Tragen nicht überschreiten?

_____

_____

b) Für welche Personengruppen gibt es Sonderregelungen?

_____

6. Welche Verhaltensregeln zur Unfallverhütung sollten beim Einsatz von Kränen zur Beförderung
von Gütern beachtet werden?

_____

_____

_____

_____

_____

_____

7. Beim Umgang mit dem Kran sind mathematische Kenntnisse gefragt.

a) Welcher Zusammenhang besteht zwischen dem Neigungswinkel β und der Tragfähigkeit von Anschlagmitteln wie Ketten, Stahlseilen oder Bändern?

_____

_____

_____

_____

b) Stellen Sie diesen Zusammenhang jeweils in einer Zeichnung mit einem 30°-Winkel und einem 60°-Winkel dar.

Strang mit 30°-Winkel　　　　　　　　　　Strang mit 60°-Winkel

c) Ermitteln Sie unter Verwendung der abgebildeten Tragfähigkeitstabelle die Tragfähigkeit in kg bei einer zweisträngigen Kette mit einer Ketten-Nenndicke von 10 mm und einem Neigungswinkel von 30°.

Ketten-nenn-dicke mm	Tragfähigkeit in kg im geraden Strang				
	90°	β	β 120°	β	
	1-strang	2-strang		3- und 4-strang	
Neigungs-winkel β	0	0–45°	45–60°	0–45°	45–60°
8	530	700	530	1 100	800
10	850	1 200	850	1 800	1 300
13	1 400	2 000	1 400	3 000	2 100
16	2 200	3 000	2 200	4 600	3 300
18	3 500	5 000	3 500	7 500	5 300
20	4 500	6 300	4 500	9 500	6 700
22	5 600	7 800	5 600	11 800	8 400
26	7 000	10 000	7 000	14 500	10 500
28	9 000	12 500	9 000	18 500	13 500
32	11 200	15 500	11 200	23 500	16 800

_____

_____

_____

_____

_____

_____

d) Ein Behälter mit einem Gewicht von 8 t soll mit einem Kran auf einen Lkw verladen werden. Als Anschlagmittel werden vier Ketten verwendet. Der Neigungswinkel der Ketten beträgt 30° bis 40°.
Welche Ketten-Nenndicke in mm ist mindestens erforderlich?

_____

_____

_____

_____

_____

Arbeitsblatt 4:   Gesundheitsschutz beim Heben und Tragen

Vervollständigen Sie folgende Betriebsanweisung zum richtigen Heben und Tragen.

BETRIEBSANWEISUNG
Anwendungsbereich
Arbeiten mit manueller Lastenhandhabung (Heben und Tragen)
Gefährdungen
Schutzmaßnahmen und Verhaltensregeln

Verhalten bei Störungen

Beschädigte Hebe-, Trage- und Transporthilfen dürfen nicht benutzt werden. Sie sind sofort aus dem Verkehr zu nehmen. Die Mängel sind dem Vorgesetzten zu melden.

Erste Hilfe

– Ruhe bewahren
– Ersthelfer heranziehen
– Unfall melden
Notruf:

Instandhaltung

Instandhaltungsarbeiten an Hebe-, Trage- und Transporthilfen nur durch beauftragte und fachlich qualifizierte Personen durchführen lassen.

Praktische Übung

Übung: Den Materialfluss planen

Ihr Unternehmen plant den Bau eines neuen zweistöckigen Lagers, in dem im Zweischichtbetrieb von 05:00 Uhr morgens bis 22:00 Uhr abends durchgehend gearbeitet werden soll. Sie erhalten den Auftrag, bei der Planung des Materialflusses von der Warenanlieferung bis Einlagerung in das Hochregallager mitzuwirken. Zusätzlich erhalten Sie die Information, dass die Anlieferung der Güter zu 80 % auf Paletten und zu 20 % unpalettiert in Schachteln, Kisten, Fässern usw. erfolgt. Als Hilfsmittel dient Ihnen der abgebildete Plan.

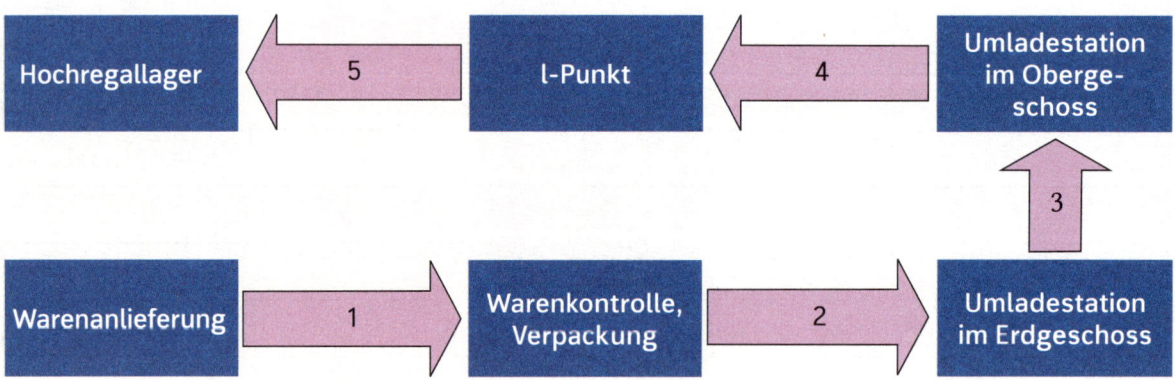

Arbeitsauftrag

1. a) Schlagen Sie Fördermittel vor, die auf den Förderstrecken 1 bis 5 eingesetzt werden können.

   Strecke 1:

   _____

   Strecke 2:

   _____

   _____

   Strecke 3:

   _____

   Strecke 4:

   _____

   _____

   Strecke 5:

   _____

   b) Wovon hängt ab, welches Fördermittel gewählt wird?

   _____

   _____

2. Für die Förderstrecken 2 und 4 ist die Anschaffung eines fahrerlosen Transportsystems (FTS) vorgesehen.

   a) Welche Vorteile bietet der Einsatz von fahrerlosen Transportsystemen?

   _____

   _____

   b) Die Fahrgeschwindigkeit des FTS im Erdgeschoss beträgt 3,6 km/Std. Wie viele Minuten braucht ein Fahrzeug für eine Förderstrecke von 240 m, wenn Sie noch 30 Sekunden für die Beladung und 30 Sekunden für die Entladung hinzurechnen müssen?

   _____

   c) Wie viel Paletten können im Zweischichtbetrieb auf dieser Strecke maximal befördert werden, wenn die Strecke gleichzeitig von zehn Fahrzeugen befahren werden kann?

   _____

   d) Sie kalkulieren mit dem Transport von 1 200 Paletten, die pro Tag auf dieser Strecke befördert werden.
   Wie hoch ist demnach die Auslastung des fahrerlosen Transportsystems?

   _____

3. Sie entscheiden sich für die Anschaffung eines Gabelstaplers für den Transport auf Strecke 1.

   a) Welche Staplerart wählen Sie in Bezug auf Antriebsart und Unterfahrbarkeit?

   _____

   _____

   b) Nennen Sie fünf Verhaltensweisen, die bei der Benutzung des Gabelstaplers wichtig sind.

   _____

   _____

   _____

   _____

   _____

   c) Sie beabsichtigen, das neue Lager mit moderner RFID-Technik auszustatten und an den Gabel-
      staplern, den Packmitteln, den Lagerplätzen und entlang der Fahrstrecken Transponder anbrin-
      gen zu lassen. Was möchten Sie damit erreichen? Informieren Sie sich dazu auch im Internet.

   _____

   _____

   _____

   _____

   _____

   _____

   _____

4. Vor der Einlagerung in das Hochregallager erreichen die Paletten den I-Punkt.
   Erklären Sie die Bedeutung des I-Punktes.

   _____

   _____

5. Für die Einlagerung in das Hochregallager soll ein Regalbediengerät angeschafft werden. Die Spiel-
   zeit (Zykluszeit) im Doppelspiel beträgt 90 Sekunden.

   a) Erklären Sie den Begriff „Doppelspiel".

   _____

   _____

   b) Ermitteln Sie, wie viel Paletten je Regalbediengerät im Zweischichtbetrieb ein- und ausgelagert
      werden können.

   _____

   _____

   c) Wie viele Regalbediengeräte sind erforderlich, um die maximale Zahl der vom FTS angeliefer-
      ten Paletten (Aufgabe 2c) auch einlagern zu können?

   _____

Lernfeld 5:
Güter kommissionieren

Arbeitsblatt 1:   Grundlagen der Kommissionierung

1. Erklären Sie das Verb „kommissionieren".

    _____

    _____

2. Ordnen Sie die Tätigkeiten „erfassen", „aufbereiten", „weitergeben", „quittieren" den folgenden Vorgängen richtig zu.

    Die Bestelldaten werden im „Real-Time-Modus" oder für einen ganzen Tag gesammelt und dann

    stapelweise geordnet. _____

    Nachdem die Bestelldaten im EDV-System eingegeben wurden, wird festgestellt, ob Lieferbereit-

    schaft besteht. _____

    Die Entnahme der zu kommissionierenden Ware bestätigt der Kommissionierer entweder nach jeder

    Position oder nach Erledigung des gesamten Auftrages. _____

    Der Kommissionierer erhält den Kommissionierauftrag schriftlich oder beleglos im Onlineverfahren

    bzw. über ein infrarot- oder funkgesteuertes Kleinterminal mit Display. _____

3. Grundsätzlich werden bei der manuellen Kommissionierung zwei Kommissioniersysteme unterschieden: die **statische und die dynamische Bereitstellung**.

    a) Wodurch unterscheiden sich diese Systeme?

    _____

    _____

    _____

    _____

    _____

    b) Welche Regalarten eignen sich für die dynamische Bereitstellung?

    _____

    _____

c) Zählen Sie jeweils drei Vorteile der beiden Kommissioniersysteme auf.

Statische Bereitstellung	Dynamische Bereitstellung

d) Bringen Sie die Tätigkeiten beim „Mann-zur-Ware-System" in die richtige Reihenfolge.

Transport der kommissionierten Waren zum Versandplatz

Entgegennahme des Kommissionierauftrages

Überprüfung, ob im Lagerfach die richtige Ware liegt

Ermittlung des Lagerfaches gemäß Kommissionierauftrag

Entnahme (Greifen) der gewünschten Ware

Gang zum Lagerfach mit der gewünschten Ware

4. Die Entnahme der Güter kann manuell, mechanisch oder automatisch erfolgen. Nennen Sie je einen Vor- bzw. Nachteil dieser Entnahmearten.

Entnahmeart	Vorteile	Nachteile
Manuell		
Mechanisch		
Automatisch		

5. Bei welchem Beispiel handelt es sich nicht um beleglose Kommissionierung?

a) Pick by Scan

b) Pick by Light

c) Pick by Paper

d) Pick by Voice

e) Pick by Vision

f) Pick by RFID

Arbeitsblatt 2:   Kommissioniermethoden

1. Wie werden folgende **Kommissioniermethoden** genannt?
Kommissionierer A führt den gesamten Auftrag allein aus. Anschließend kommissioniert er den nächsten Auftrag und so weiter.

_____

Kommissionierer A entnimmt für einen Auftrag die Artikel aus Lagerzone I, übergibt den Auftrag und die entnommenen Artikel an Kommissionierer B, der dem Auftrag die Artikel „seiner" Lagerzone hinzufügt und den Auftrag seinerseits an Kommissionierer C weitergibt. Der letzte Kommissionierer bringt den kompletten Auftrag zum Versandplatz.

_____

2. Ergänzen Sie folgende Sätze.

Bei der _____ Kommissioniermethode wird ein Kundenauftrag in Teilaufträge aufgeteilt. Mehrere Kommissionierer können nun gleichzeitig diesen Auftrag bearbeiten. Nach erfolgter Kommissionierung werden die Teilaufträge wieder zu einem kompletten Auftrag zusammengeführt.

Der Vorteil dieser Methode besteht in _____ .

Allerdings erfordert diese Methode eine aufwendige _____

und _____ . Außerdem besteht die Gefahr der _____

_____ .

3. Wenn die Kommissionierer die Artikel mit hoher Gängigkeit (Schnelldreher) aus den Regalen in der Nähe des Hauptganges entnehmen können und nur gelegentlich einmal in die Quergänge hineingehen müssen, um Artikel mit geringerer Gängigkeit zu entnehmen, spricht man von der sog.

_____ .

4. Was versteht man unter der **1. und 2. Kommissionierstufe** bei der **serienorientierten, parallelen Kommissionierung** und worin besteht der entscheidende **Vorteil** dieser Kommissioniermethode?

_____

_____

_____

_____

_____

5. Welche Möglichkeiten der automatischen Kontrolle der kommissionierten Ware gibt es?

_____

_____

_____

_____

6. a) Wie nennt man die nachfolgend abgebildete Kommissioniermethode?

_____

_____

_____

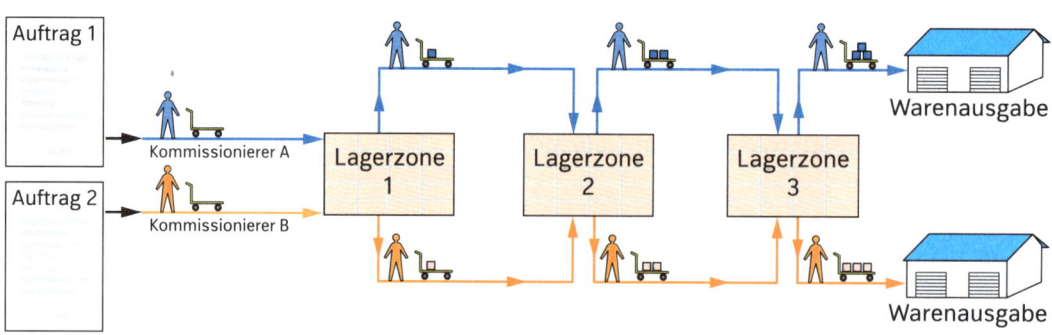

b) Wie nennt man die nachfolgend abgebildete Kommissioniermethode?

_____

_____

_____

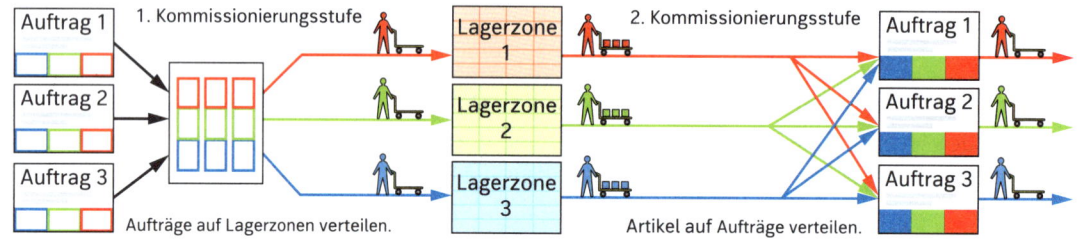

c) Wie nennt man die nachfolgend abgebildete Kommissioniermethode?

_____

_____

_____

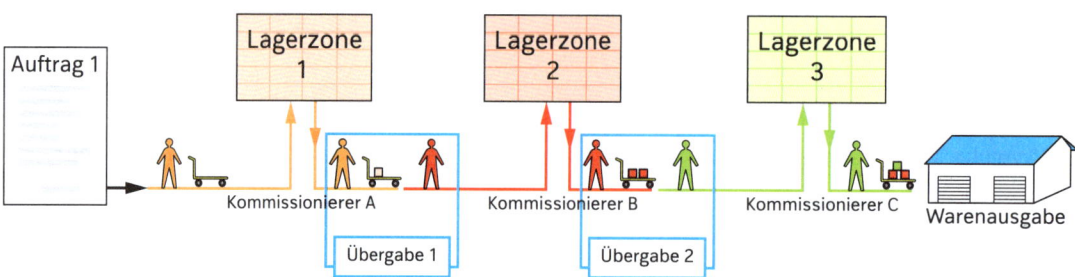

d) Stellen Sie grafisch die auftragsorientierte parallele Kommissionierung dar.

Arbeitsblatt 3:   Kommissionierzeiten und -leistung

1. Ordnen Sie die jeweiligen Tätigkeiten den Zeitarten der Kommissionierzeiten zu.
    Zeit, die benötigt wird, um
    A   die Artikel dem Regalfach zu entnehmen
    B   zu kontrollieren, ob der entnommene Artikel richtig ist
    C   auf die Toilette zu gehen
    D   ein Kommissionierfahrzeug zu holen
    E   zu den Lagerplätzen zu gehen

    [ ] Basiszeit
    [ ] Wegzeit
    [ ] Greifzeit
    [ ] Totzeit
    [ ] Verteilzeit

2. Nennen Sie je ein Beispiel, wie die jeweiligen Zeitarten verkürzt werden können.

Basiszeit	
Wegzeit	
Greifzeit	
Totzeit	
Verteilzeit	

3. Welche Rolle spielen das Betriebsklima und die persönliche Einstellung des Kommissionierers zu seiner Arbeit im Hinblick auf die Kommissionierzeiten bzw. die Kommissionierleistung?

_____

_____

_____

_____

_____

_____

_____

_____

_____

_____

_____

4. Wovon hängt die Kommissionierleistung **nicht** ab?

a) von der Kommissioniermethode ☐

b) von den eingesetzten Fördermitteln ☐

c) vom Kommissioniersystem ☐

d) vom Auftragsumfang ☐

e) vom Wert der Güter ☐

5. Wie viele Positionen schafft ein Kommissionierer pro Stunde, wenn er im Durchschnitt für eine Position 120 Sekunden benötigt? (Nehmen Sie die Formel zur Messung der Kommissionierleistung zur Hilfe.)

6. Ermitteln Sie folgende Kennzahlen.

a) Wie hoch sind die Kommissionierkosten pro Position, wenn die Betriebskosten pro Stunde 550,00 € betragen und mit einer Kommissionierleistung von 3850 Positionen pro Stunde gerechnet werden kann?

b) Wie hoch ist die durchschnittliche Anzahl der Kommissionierpositionen pro Auftrag, wenn insgesamt 12 864 Positionen bei 2 360 Aufträgen kommissioniert wurden?

c) Wie hoch ist die Fehlerquote eines Kommissionierers in Prozent, wenn bei insgesamt 1375 Kommissionierungen 22 Fehler passiert sind?

d) Wie hoch sind die Kommissionierkosten pro Auftrag, wenn bei 3482 Kommissionieraufträgen mit Gesamtkosten in Höhe von 86 435,00 € gerechnet wird?

7. Unter welchen Umständen bekommen die Kennzahlen zur Beurteilung der Kommissionierleistung eine Aussagekraft?

Arbeitsblatt 4:   Kommissionierfehler

1. a)   Nennen Sie mögliche Ursachen von Kommissionierfehlern.

_____

_____

_____

_____

_____

_____

_____

_____

_____

_____

b)   Nennen Sie mögliche Folgen von fehlerhaftem Kommissionieren.

_____

_____

_____

_____

_____

_____

_____

_____

_____

_____

c)   Nennen Sie betriebliche Maßnahmen zur Vermeidung von Kommissionierfehlern.

_____

_____

_____

_____

_____

_____

_____

_____

Praktische Übung

Übung 1:   Einen Kundenauftrag kommissionieren

Situation
Sie sind als Fachkraft für Lagerlogistik im Bereich Kommissionierung eines großen Teile- und Zubehörlagers beschäftigt und sollen einen Kundenauftrag kommissionieren.
Die zu kommissionierenden Teile befinden sich an folgenden Lagerorten (Location):

A1/1	A5/1	A7/4	A10/1	A2/1	A6/5
A7/5	A10/4	A2/3	A6/9	A7/8	A10/5
A3/4	A6/12	A9/1	A10/8	A4/2	A7/1
A9/2	A10/13				

Aufgaben
1. Beschreiben Sie in Stichworten die Vorgehensweise bei der Kommissionierung von Waren im Kommissioniersystem „Statische Bereitstellung" und bestimmen Sie jeweils die entsprechende Kommissionierzeit.

Vorgehensweise	Kommissionierzeit
Übernahme des Kommissionierauftrages	Basiszeit

2. Welche Kommissioniermethode ist hier zur Anwendung gekommen?

_____

3. Bringen Sie die oben genannten Positionen in die Reihenfolge mit dem kürzesten Kommissionierweg, kreuzen Sie die jeweiligen Lagerorte auf dem abgebildeten Lagerplan an und zeichnen Sie den zurückzulegenden Weg ein (beginnen Sie mit A1).

4. Erklären Sie, wie mithilfe der sogenannten „Stichgangsstrategie" der Kommissionierweg verkürzt werden kann.

_____

_____

_____

_____

Lagerplan

Praktische Übung

Übung 2:   Kommissionierleistungen ermitteln und verbessern

Situation

Sie sind als Fachkraft für Lagerlogistik bei einem Großhandelsbetrieb für Bürobedarf beschäftigt. Seit dem letzten Jahr ist das Auftragsvolumen stark gewachsen. Im letzten Halbjahr gab es zunehmend Beschwerden Ihrer Kunden über schleppende Bearbeitung der Aufträge und Falschlieferungen. Ihnen liegt die unten stehende Statistik über die Entwicklung der Kommissionierung im ersten Halbjahr vor. Sie wurden beauftragt, diese Statistik auszuwerten und Vorschläge für eine Verbesserung der Kommissionierleistung zu machen.

Monate	Kommissionierte		Monatliche Arbeitsstunden	Anzahl Kommissionierer	Fehlerhafte Positionen
	Aufträge	Positionen			
Jan.	2 900	116 000	800	5	352
Febr.	3 000	108 000	760	5	334
März	4 250	170 000	1 240	8	650
April	4 200	159 600	1 160	8	586
Mai	4 400	162 800	1 320	8	887
Juni	5 050	196 950	1 580	10	1 193

Nachdem Sie in einer Fachzeitschrift eine Statistik über branchenübliche Kommissionierzeiten pro Auftrag gesehen hatten, haben Sie im Monat Mai in Ihrem Betrieb entsprechende Zahlen ermitteln lassen. Das Ergebnis liegt Ihnen vor:

Kommissionierzeiten (Minuten)	Branche	Eigener Betrieb	Abweichungen +/−
Basiszeit	4	4	0
Wegzeit	9	11	+ 2
Greifzeit	3	3	0
Totzeit	2	2	0
Verteilzeit	1	3	+ 2
Summe	19	23	+ 4

Aufgaben

1. Ermitteln Sie folgende Durchschnittszahlen (ggf. Rundung auf eine Stelle hinter dem Komma) und tragen Sie die Ergebnisse in folgende Tabelle ein.

		Jan.	Febr.	März	April	Mai	Juni
a)	Kommissionierzeit in Minuten pro Auftrag						
b)	Anzahl der Positionen pro Auftrag						
c)	kommissionierte Aufträge pro Kommissionierer						
d)	kommissionierte Positionen pro Kommissionierer						
e)	Fehlerquote in Prozent						

2. Interpretieren Sie die Ergebnisse.

_____

_____

_____

_____

_____

_____

_____

_____

_____

_____

_____

_____

3. Worin könnten die Ursachen für diese Entwicklung zu finden sein?

_____

_____

_____

_____

_____

_____

_____

_____

_____

_____

_____

4. Welche Maßnahmen schlagen Sie zur Verbesserung der Kommissionierleistung vor?

_____

_____

_____

_____

_____

_____

_____

_____

_____

_____

_____

_____

_____

_____

_____

5. Bisher wurde nach der auftragsorientierten, seriellen Methode bei statischer Bereitstellung der Artikel kommissioniert. Um eventuell auf eine andere Methode und ein anderes System umstellen zu können, ist es wichtig, sich die Vor- und Nachteile der bisherigen Methode sowie einer möglichen Alternativmethode klarzumachen.

Füllen Sie die Tabelle entsprechend aus.

Methoden/System	Vorteile	Nachteile
Statische Bereitstellung		
Dynamische Bereitstellung		
Auftragsorientierte serielle Kommissionierung		
Serienorientierte parallele Kommissionierung		

Praktische Übung

Übung 3:   Die Lieferbereitschaft prüfen

Situation

Die Firma Sportartikelgroßhandel Brinkmann GmbH in Frankfurt hat von der Firma Funsport GmbH in Stuttgart eine Bestellung erhalten (siehe Bestellbrief auf Seite 113). Mit der Firma Funsport bestehen jahrelange gute Geschäftsbeziehungen. Bevor der Auftrag bestätigt werden kann, sollen Sie anhand der Lagerbestände der infrage kommenden Artikel überprüfen, ob die Lieferung in der 21. Kalenderwoche (KW) erfolgen kann.

Aufgaben

1. Prüfen Sie anhand der Lagerdatei auf Seite 114 die Lieferbereitschaft.
   Beschreiben und erläutern Sie Ihre Vorgehensweise.

Artikel-Nr.	Prüfung der Lieferbereitschaft	Neuer Bestand
987612		
565898		
123987		
687869		

2. Wie lässt sich allgemein Lieferbereitschaft definieren bzw. berechnen?

_____

_____

_____

_____

_____

3. Beschreiben Sie die weiteren Arbeitsschritte bei der Abwicklung dieses Auftrages.

_____

_____

_____

_____

_____

_____

Funsport
GmbH

Reiherstraße 12
70188 Stuttgart

Funsport GmbH, Reiherstraße 12, 70188 Stuttgart

Sportartikelgroßhandel
Brinkmann GmbH
Postfach 1257
60385 Frankfurt

Ihr Zeichen, Ihre Nachricht vom	Unser Zeichen, unsere Nachricht vom	Telefon	Datum
	Frau Maier	0711 264011	02.05.20..

BESTELLUNG

Sehr geehrte Damen, sehr geehrte Herren,

Bitte liefern Sie uns zu den üblichen Konditionen folgende Artikel:

Art.-Nr.	Artikelbezeichnung	Bestellmenge	Einzelpreis
987612	MAUI Skateboard mit Abec	50	99,00 €
565898	Mini-Stepper mit Computer	30	192,00 €
123987	Kinder-Inliner X. E. jr./Größe 38	12	89,00 €
681869	Skaterschuh Ramp/Größe 45	20	99,00 €

Die Lieferung soll in der 21. Kalenderwoche (21.–26. Mai 20..) erfolgen.

Mit freundlichen Grüßen

Funsport GmbH

Melanie Maier

Geschäftsführer:	Handelsregister:	Bankverbindung:
Hein Heiner	Amtsgericht Stuttgart	**Stadtsparkasse Stuttgart**
	HRB 8765	IBAN: DE23 7025 0102 8765 4321 00
		BIC: SSKSDEMM
		Volksbank Heslach
		IBAN: DE57 7016 0208 9876 5432 01
		BIC: VOBADESS

Auszüge aus einer Lagerdatei

Artikelbezeichnung:	Mini-Stepper mit Computer
Artikelnummer:	565898
Verpackungseinheit:	Paket zu je ein Stück
Lieferer:	Nippon Import AG
	Krumme Lanke 10
	20188 Hamburg
Mindestbestand:	150 Stück
Meldebestand:	300 Stück
Beschaffungszeit:	6 Arbeitstage
Höchstbestand:	

Datum	Zugänge	Abgänge	Bestand
04-05	500	25	725
04-11		100	625
04-12		50	575
04-15		150	425
04-17		68	357
04-23		33	324
04-29		150	174
05-03		25	149
05-05		10	139

Artikelbezeichnung:	MAUI Skateboard mit Abec
Artikelnummer:	987612
Verpackungseinheit:	Paket zu je ein Stück
	Nippon Import AG
	Krumme Lanke 10
	20188 Hamburg
Mindestbestand:	100 Stück
Meldebestand:	200 Stück
Beschaffungszeit:	6 Arbeitstage
Höchstbestand:	

Datum	Zugänge	Abgänge	Bestand
04-04		23	316
04-07		65	251
04-08		30	221
04-12	450	45	626
04-17		67	559
04-29		134	425
05-02		98	327
05-04		45	282
05-05		23	259

Artikelbezeichnung:	Inliner X. E. jr
Artikelnummer:	123987 Größe 38
Verpackungseinheit:	Paket zu je ein Paar
Lieferer:	Schuhfabrik Müller GmbH
	Am Kapellenberg 245
	66955 Pirmasens
Mindestbestand:	30 Stück
Meldebestand:	90 Stück
Beschaffungszeit:	8 Arbeitstage
Höchstbestand:	

Datum	Zugänge	Abgänge	Bestand
04-02			120
04-05	250	25	345
04-11		45	300
04-12		50	250
04-15		15	235
04-22		38	197
04-23		33	164
04-29		25	139
05-02		20	119
05-03		17	102
05-05		10	92

Artikelbezeichnung:	Skaterschuh Ramp
Artikelnummer:	687869 Größe 45
Verpackungseinheit:	Paket zu je ein Paar
	Schuhfabrik Müller GmbH
	Am Kapellenberg 245
	66955 Pirmasens
Mindestbestand:	30 Stück
Meldebestand:	60 Stück
Beschaffungszeit:	8 Arbeitstage
Höchstbestand:	

Datum	Zugänge	Abgänge	Bestand
04-05			45
04-11		10	35
04-12		5	30
04-15	150		180
04-17		23	157
04-23		13	144
04-29		9	135
05-03		32	103
05-05		35	68

Lernfeld 6:
Güter verpacken

Arbeitsblatt 1: Fachbegriffe im Verpackungsbereich

1. Ordnen Sie folgenden Beispielen entsprechende **Fachbegriffe** aus dem Verpackungswesen zu (es können auch mehrere Begriffe zutreffen).

Beispiel(e)	Fachbegriff(e)
Gitterbox (leer)	
Luftpolsterkissen	
Holz, Kunststoff	
Schachtel (leer)	
Inhalt einer Schachtel	
Joghurtbecher (leer)	
Klebeband, Schnur	
Holzkiste mit Ware	
Europalette	

2. **Ergänzen** Sie den Text (fehlenden Fachbegriff einsetzen).

   a) Packmittel + Packhilfsmittel = _____

   b) Packgut + Verpackung = _____

3. Wodurch unterscheiden sich die Begriffe

   a) Packmittel und Packstoff?

   _____

   _____

   b) Packmittel und Packhilfsmittel?

   _____

   _____

   c) Packgut und Packstück?

   _____

   _____

Arbeitsblatt 2: Funktionen der Verpackung

1. Tragen Sie in die Umrandung jeweils eine Funktion der Verpackung **(farbig)** ein und erklären Sie darunter die jeweilige Funktion kurz in eigenen Worten.

Die wichtigsten Aufgaben der Verpackung

2. Ordnen Sie den folgenden Aussagen **jeweils eine Funktion** der Verpackung zu.

a) Gefährliche Güter müssen in besonders sicheren Packmitteln verpackt werden:

b) Die passende Verpackung ermöglicht die Selbstbedienung in Supermärkten:

c) Symbole auf der Verpackung weisen auf den richtigen Transport bzw. richtige Lagerung hin:

d) Ein Lkw lässt sich durch Verwendung von genormten Europaletten ohne Leerraum voll beladen:

e) Durch das Stapeln von Gitterboxen kann der Lagerraum optimal genutzt werden:

f) Durch Verwendung einer geeigneten Verpackung kommt die Ware unbeschädigt beim Empfänger an:

Arbeitsblatt 3: Beanspruchungen der Verpackung

1. Welche Beanspruchungen durch Kräfte können auf Packstücke einwirken? Nennen Sie vier.

   (1) _____   (3) _____

   (2) _____   (4) _____

2. Welcher **mechanischen** Beanspruchung (Beanspruchung durch Kräfte) wird durch folgende Vorsorgemaßnahme jeweils vorgebeugt?

a) Packstücke werden auf der Lkw-Ladefläche durch Holzkeile gesichert.	
b) Schwere Packstücke werden unten, leichtere darüber gelagert.	
c) Im Lager sind die Fahrwege (für Stapler usw.) breit und übersichtlich.	
d) Empfindliche Ware wird in Gitterboxen gelagert/gestapelt.	
e) Die Paletten haben luftgefederte Dämpfungselemente an den Füßen.	
f) Die Schachteln auf einer Flachpalette werden für den Transport mit Stretchfolie umwickelt.	
g) Packstücke werden auf der Lkw-Ladefläche mit Spanngurten festgezurrt.	

3. Wodurch kann die **Schubwirkung** beim Transport von Packstücken auf einem Lkw verursacht werden? Nennen Sie zwei Möglichkeiten.

   (1) _____

   (2) _____

4. Von welchen **Faktoren** hängt die Beschädigung der Ware ab, wenn ein Packstück zu Boden fällt? Nennen Sie zwei.

   (1) _____

   (2) _____

5. Durch welche Maßnahmen kann – im Zusammenhang mit der Verpackung – gegen die **Gefahr des Diebstahls** vorgebeugt werden? Nennen Sie zwei.

   (1) _____

   (2) _____

6. Wie kann man das Packgut verpackungstechnisch vor **Druck** schützen? Nennen Sie eine Möglichkeit.

   _____

Arbeitsblatt 4:   Vorsichtsmarkierungen auf der Verpackung

1. Geben Sie für folgende Symbole die jeweilige Bezeichnung bzw. den Titel an.

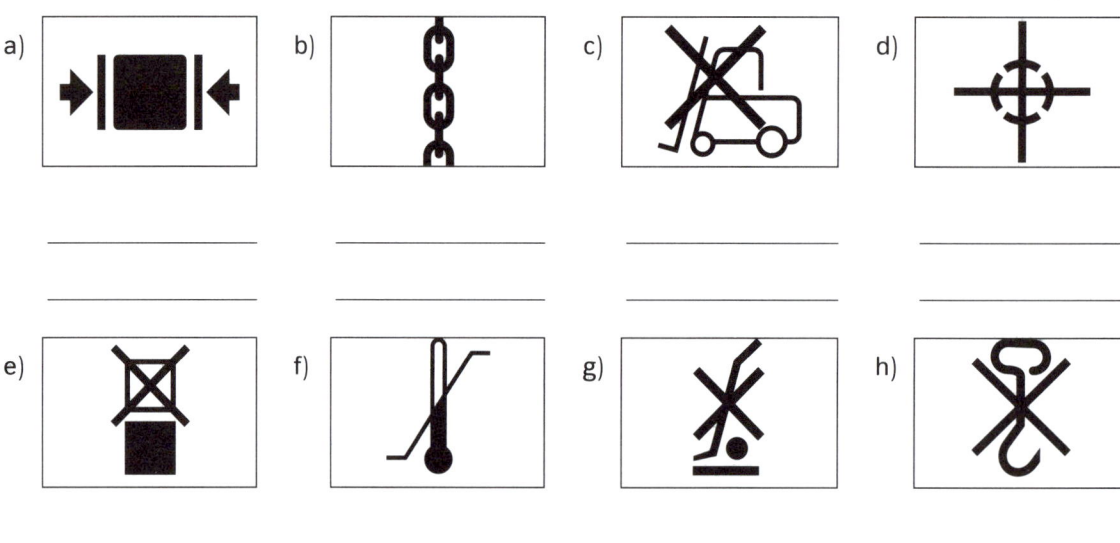

a)

_____

_____

b)

_____

_____

c)

_____

_____

d)

_____

_____

e)

_____

_____

f)

_____

_____

g)

_____

_____

h)

_____

_____

2. Zeichnen Sie für folgende Hinweise die entsprechenden **Symbole/Bildzeichen**.

a) oben   b) vor Nässe schützen   c) zerbrechliches Gut   d) vor Hitze schützen

3. Auch bei der Verpackung setzen sich immer mehr internationale (vor allem englische) Begriffe durch. Was bedeuten folgende Begriffe auf **Deutsch**?

a) keep upright   _____

b) lift here   _____

c) net weight   _____

d) this side up   _____

e) sling here   _____

f) liquids   _____

g) don't stack   _____

4. Übersetzen Sie folgende Begriffe in die englische Sprache.

a) trocken aufbewahren   _____

b) Vorsicht   _____

c) Bruttogewicht   _____

d) zerbrechlich   _____

Arbeitsblatt 5:   Packmittel aus Holz bzw. Pappe

1. Welche **Vorteile** bieten Packmittel aus Holz? Nennen Sie zwei.

(1) _____

(2) _____

2. Welches **Packmittel aus Holz** empfehlen Sie für folgende Packgüter?

a) zerbrechliche Ware (z. B. Glas, Porzellan):

_____

b) stapelbare, unempfindliche Ware (z. B. Betonsteine):

_____

c) sehr schwere, große (sperrige) Maschine:

_____

d) Ersatzteile (Packmittel sollen nach dem Gebrauch an den Versender zurückgegeben werden):

_____

3. a) Welcher Unterschied besteht zwischen KARTON und SCHACHTEL?

Karton: _____

Schachtel: _____

b) Welche **Packstoffe** können zur Herstellung einer Schachtel verwendet werden?

(1) _____

(2) _____

(3) _____

c) Welche **Vorteile** bietet Wellpappe gegenüber Vollpappe? Nennen Sie zwei.

(1) _____

(2) _____

d) Skizzieren Sie eine mehrseitig beklebte, zweiwellige Wellpappe mit unterschiedlich hohen Wellen.

Skizze:

4. Welches **Packmittel aus Karton/Pappe** empfehlen Sie für folgende Packgüter?

    a) ein Drucker für den PC: _____

    b) große Menge leichtes Isoliermaterial (aus Styropor): _____

    c) ein Handy: _____

5. Nennen Sie drei **Vorteile** von Packmitteln aus Karton/Pappe.

    (1) _____

    (2) _____

    (3) _____

Arbeitsblatt 6: Packmittel aus Kunststoff bzw. Metall

1. Nennen Sie Begriffe, die für Packmittel aus Metall/Kunststoff verwendet werden können.

_____

2. Welcher der folgenden Verpackungsbegriffe trifft auf die Transportbehälter aus Kunststoff zu? (**R** für richtig oder **F** für falsch eintragen)

a) _____ Packstück		e) _____ Packhilfsmittel
b) _____ Mehrwegverpackung		f) _____ Packgut
c) _____ Verkaufsverpackung		g) _____ Packstoff
d) _____ Versandverpackung		h) _____ Packmittel

3. Welcher Kunststoffbehälter ist mit der folgenden Umschreibung jeweils gemeint?

    a) Behälter, dessen Maße auf eine Europalette abgestimmt sind

_____

    b) Behälter, die im leeren Zustand durch Drehung ineinandergestellt werden können

_____

    c) Behälter, die ähnlich wie eine leere Schachtel zusammengelegt werden können

_____

    d) Behälter, die sowohl leer als auch befüllt nur übereinandergestellt werden können

_____

4. a) Welche Größe kann eine (modulare) Eurobox maximal haben, damit acht Behälter genau auf eine Euroflachpalette (in einer Ebene) gestellt werden können?

Skizzieren Sie die Palette, zeichnen Sie acht Behälter ein und geben Sie anschließend die Maße an.

Skizze: (nicht maßstabsgetreu)

Maße der Box:

_____ cm

b) Überlegen Sie, welche Maße die **nächstkleineren Behälter** maximal haben dürfen (damit sie auf die unter a) errechneten Behälter passen).

Skizzieren Sie ggf. Ihre Überlegungen auf einem Notizblatt.

Maße: _____ cm

5. Blister- und Skinverpackungen sind ähnliche Verpackungen.

a) Was haben sie gemeinsam?

_____

_____

b) Wodurch unterscheiden sie sich?

_____

_____

Arbeitsblatt 7:   Paletten

1. Wie bezeichnet man folgende Palettenarten?

Beschreibung	Bezeichnung
a) Palette mit einem Aufbau aus Baustahlgitter	
b) Palette, die von allen vier Seiten unterfahrbar ist	
c) Palette, die genormte Maße hat	
d) Holzpalette ohne Aufbau	
e) Palette mit Stützen an den vier Ecken	

2. Bei der Beladung von Flachpaletten hat man im Allgemeinen die Wahl zwischen **zwei verschiedenen Stapelmöglichkeiten**. Stellen Sie diese beiden Möglichkeiten einander gegenüber.

a) Skizzieren Sie jeweils die Stapelung von rechteckigen, länglichen Schachteln auf der Palette (vier Lagen).

b) Bezeichnen Sie die beiden Stapelarten.

_____   _____

c) Nennen Sie jeweils einen Vorteil der beiden Stapelarten.

_____   _____

_____   _____

3. Maße der Euroflachpalette:

a) Welche Maße hat eine Euroflachpalette in mm (L × B × H)? _____

b) Welches Ladevolumen in Kubikmetern hat eine Euroflachpalette, wenn sie 0,85 m hoch beladen wird?

Berechnung: _____   Volumen: _____ m³

c) Wie viele Quadratmeter Lagerfläche werden für 46 Euroflachpaletten benötigt, wenn jeweils vier Paletten übereinandergestapelt werden?

_____

_____

4. Welche **Kennzeichnung** enthält eine neue Euroflachpalette

a) am linken Klotz?   _____

b) am mittleren Klotz?   _____

_____

_____

c) am rechten Klotz?   _____

5. Wodurch kann das Packgut auf einer Flachpalette gesichert werden, damit die Ware gefahrlos transportiert werden kann? Nennen Sie drei Möglichkeiten.

(1) _____

(2) _____

(3) _____

6. Die **Eurogitterboxpalette** hat einen großen Stellenwert beim Transport und Lagern von Gütern.

a) Welche **Innen**-Maße hat eine Palette in cm? L × B × H: _____

b) Welches Gewicht kann eine Palette max. aufnehmen? _____ kg

c) Wie viele Schachteln mit den Maßen 40 × 40 × 40 cm passen max. in eine Palette? _____

7. Welche **Vorteile** bieten Paletten (ganz allgemein) beim Lagern und Versenden? Nennen Sie drei Gründe.

(1) _____

(2) _____

(3) _____

8. **Zeichnen Sie** einen Ladeplan für eine maximale Beladung eines Lkw, der mit Euroflachpaletten ungestapelt beladen wird. Empfohlener Maßstab: 1 : 50.
Maße der Lkw-Ladefläche: Länge: 7,50 m; Breite: 2,50 m
Hinweis: Vorher die Länge/Breite des Lkw sowie der Paletten in der Zeichnung ermitteln.

Zusatzaufgabe:
Ermitteln Sie, wie viele cm auf dem Lkw in der Länge frei bleiben.

_____

Arbeitsblatt 8: Container

1. Wie bezeichnet man folgende **Containerarten**?

   a) Container, der weltweit einheitlich genormt ist: _____

   b) Geschlossener Container mit Türen an einer Stirnseite: _____

   c) Geschlossener Container mit Füllöffnungen für Schüttgut: _____

   d) Geschlossener Container mit abnehmbarem Stahldach: _____

   e) Container für Transporte auf dem Landweg (nicht auf See): _____

2. Containergrößen:

   a) In welcher **Maßeinheit** werden Frachtcontainer in der Größe festgelegt?

      Maßeinheit: _____ dies entspricht _____ cm oder _____ mm

   b) Wie lang (**Außenlänge**) sind die beiden gängigen ISO-Container und **wie viel** entspricht dies in m?

      (1) _____   (2) _____

3. Berechnen Sie, wie viele Paletten jeweils maximal in folgende **ISO-Standardcontainer** passen.
   Die Containermaße entnehmen Sie der Tabelle im Buch. Containerhöhe: jeweils 8,5'.
   Alle Paletten sind stapelbar.
   Empfehlung: Erstellen Sie eine Skizze für die Anordnung der Paletten auf einem Notizblatt.

	Container-größe	Palettenart und -größe	Palettenanzahl
a)	20'	Eurogitterboxpalette Außenmaße 1 240 × 835 × 970 mm	
b)	40'	Euroflachpalette (1 200 × 800 × 144 mm) Höhe der Ladung auf der Palette: 80 cm	
c)	40'	Containerpalette (Pressholz) Palettenmaß: (L × B × H): 1 140 × 1 140 × 150 mm Höhe der Ladung auf der Palette: 60 cm	

4. Welchen **ISO-Container (Typ, Bauart)** empfehlen Sie für folgendes Packgut?

   a) Computer (verpackt in Schachteln) auf Paletten: _____

   b) unempfindliches Packgut mit einer Überbreite: _____

   c) offenes Obst in Kunststoffboxen: _____

   d) frischer Fisch in Kunststoffboxen: _____

   e) Packgut, das wegen des Gewichtes nur mit einem
   Kran in den Container verladen werden kann: _____

5. Ihr Ausbildungsbetrieb hat Interesse am Transport von Gütern mit Container.
   Informieren Sie sich im **Internet** über mögliche Angebote (Kauf oder Miete von Containern) und erstellen Sie daraufhin eine (fiktive) **Anfrage** bei einem dieser Anbieter mit einem entsprechenden Textverarbeitungsprogramm. Beachten Sie dabei auch die Formvorschriften für den Geschäftsbrief.

Arbeitsblatt 9: Packhilfsmittel

1. Man unterscheidet verschiedene Arten von **Packhilfsmitteln**.
   Ordnen Sie die angegebenen Beispiele jeweils einer bestimmten Art von Packhilfsmitteln zu.

Beispiel	Art des Packhilfsmittels (Schutzmittel oder Verschließmittel oder Kennzeichnungsmittel)
Rollenwellpappe	
Klebeband	
Ölpapier	
Gefahrenetiketten	
Luftpolsterkissen	
Kippindikator	
Kantenschutzstreifen	
Trockenmittel	
Umreifungsband	
Styroporchips	
Stretchfolie	

2. Nennen Sie jeweils ein geeignetes Packhilfsmittel für den Schutz gegen

   a) Druck: _____

   b) Rost: _____

3. Welches Schutz-/Füllmittel ist bei den folgenden Packgütern am geeignetsten?

Packgut	Schutzmittel/Füllmittel
Computer	
Porzellan	
Bücher	
Glasscheiben	

4. Wodurch unterscheiden sich **Schrumpfen und Stretchen** jeweils bei der Folie und bei der Verarbeitung?

Schrumpfen: _____

_____

_____

Stretchen: _____

_____

_____

5. Was sollen Transportindikatoren allgemein bewirken?

_____

_____

Arbeitsblatt 10:   Verpackungen für gefährliche Stoffe/Güter

1. Ordnen Sie die folgenden Beispiele von gefährlichen Stoffen/Gütern den entsprechenden Klassen zu.

Beispiel	Nummer der Gefahrgut-Klasse	Kurze Beschreibung der Gefahr/Klasse
Munition		
Benzin		
Schwefelsäure		
Uran		
Feuerwerkskörper		
Wasserstoff		
Düngemittel		
Haarspray		

2. Sie erhalten den Auftrag, **Lackdosen** (entzündbarer, flüssiger Stoff) zu verpacken.

   a) Um welche Klasse von gefährlichen Stoffen handelt es sich dabei? _____

   b) Mit welchem Gefahrgutzettel müssen Sie ein solches Packstück kennzeichnen?

   Beschreiben und skizzieren Sie das Symbol.

   Beschreibung (Farbe, Form, Symbol):   **Skizze (farbig):**

   _____

   _____

3. Ein **sehr gefährliches** Packgut ist entsprechend zu verpacken.

   a) Welche Verpackungsgruppe ist dafür auszuwählen? _____

   b) Welche Kennzeichnung (Buchstabe) muss diese Verpackung aufweisen? _____

4. Packmittel für gefährliche Güter müssen eine UN-Codierung (Zulassung) aufweisen.

   a) Welche Bedeutung haben die ersten Zeichen nach den Buchstaben „UN"?

   _____

   b) Welche Bedeutung haben die letzten Zeichen (am Ende)?

   _____

5. Ein Packmittel trägt die Codierung **„1H2"**. Um welches Packmittel handelt es sich?

   1: _____   H: _____   2: _____

6. Welcher Gefahrgutklasse ist
   dieses Symbol zuzuordnen?   Gefahrgutklasse: _____

Arbeitsblatt 11:   Tätigkeiten beim Verpacken

1. Welche hilfreichen **Geräte** benötigt man, um rationell verpacken zu können? Nennen Sie vier Bei-spiele.

   (1) _____

   (2) _____

   (3) _____

   (4) _____

2. Ergänzen Sie folgende Lücken.

a) Packmittel + Packhilfsmittel = _____

b) Einen Arbeitstisch zum manuellen Verpacken bezeichnet man als _____.

3. Bringen Sie die folgenden Schritte beim Verpacken in die **richtige Reihenfolge**, indem Sie jeweils dahinter die richtige Nummer des Schrittes (1–7) eintragen.

a) Verschließen des Packmittels

b) Auswahl des geeigneten Packmittels

c) Anbringen der Etiketten und der Adresse

d) Zusammenstellen des Packguts

e) Einpacken des Packguts in das Packmittel

f) Bereitstellung zum Abtransport

g) Ausfüllen des Packmittels mit Schutz-/Füllmittel

4. Bezeichnen Sie die abgebildeten Geräte bzw. Maschinen, die beim Verpacken zum Einsatz kommen.

a)

b)

c)

d)

e)

f)

Mit freundlicher Genehmigung der Ratioform Verpackungen GmbH (Abbildungen 1–2 und 4–6) und der Strapex GmbH (Abbildung 3)

Arbeitsblatt 12:   Kosten der Verpackung

1. Wer (Käufer oder Verkäufer) hat folgende Kostenarten der Verpackung zu tragen?

a) Verkaufsverpackung   b) Umverpackung   c) Versandverpackung

_____   _____   _____

2. Bei der Verpackung lassen sich die Kosten in mehrere Gruppen unterteilen.
Ordnen Sie folgende Beispiele einer der folgenden Kostenarten zu.
Kostenarten: Geräte- und Maschinenkosten, Materialkosten, Lohnkosten

	Beispiel	Kostenart
a)	Anschaffungskosten für Einwegpaletten	
b)	Kosten für Mitarbeiter, die gebrauchte Packmittel entsorgen	
c)	Containermiete zur Entsorgung von Packmitteln	
d)	Kosten für zwei Arbeitskräfte im Packraum	
e)	Anschaffungskosten für einen neuen Packtisch	
f)	Reparaturkosten für eine automatische Abfüllanlage	
g)	Anschaffungskosten für Umreifungsbänder	

3. In einem Angebot steht: „Der Preis je Kilogramm beträgt 5,40 €."
Mit welchem Gewicht muss dieser Preis multipliziert werden, um den Gesamtpreis zu erhalten, wenn

a) keine besonderen vertraglichen Vereinbarungen vorliegen?   _____

b) vertraglich „brutto für netto" vereinbart wurde?   _____

4. Ermitteln Sie die Gesamtkosten (ohne Mehrwertsteuer) für den **Käufer** bei folgenden Vorgaben:
- Preis der Ware: 12,50 € je Kilogramm Nettogewicht
- Nettogewicht der Ware: 244 kg
- Gewicht der Verpackung: 24 kg
- Kosten der Versandverpackung: 25,00 €

	Vertragliche Vereinbarung	Gesamtkosten für den Käufer (mit Rechenweg)
a)	brutto für netto	
b)	Preis einschließlich Verpackung	
c)	Preis ausschließlich Verpackung	

5. Wer (Käufer oder Verkäufer) hat zunächst die Kosten für die folgenden Beispiele zu tragen?

a) Einwegpaletten für den Warentransport zum Kunden: _____

b) Blisterverpackung für Schrauben: _____

c) Kosten für das Verpacken und Wiegen der Ware: _____

Arbeitsblatt 13: Vermeidung und Entsorgung von Verpackungen

1. Wie heißen die beiden wichtigsten rechtlichen Bestimmungen, wodurch u. a. die umweltgerechte Herstellung und Entsorgung von Verpackungsmaterial geregelt wird?

   Gesetz: _____

   Verordnung: _____

2. Ergänzen Sie das Kreislaufschema (im Sinne des oben genannten Gesetzes).

   Produktion → _____ → _____ → Produktion → ...

3. Welche fünf Rangfolgenstufen legt das Kreislaufwirtschaftsgesetz bei der Abfallbewirtschaftung fest?

   (1) _____

   (2) _____

   (3) _____

   (4) _____

   (5) _____

4. Ordnen Sie folgende Angaben jeweils einer Rangstufe nach Kreislaufwirtschaftsgesetz zu.

   a) Euroflachpaletten werden oft getauscht.

   _____

   b) Aus gebrauchten Schachteln wird Rollenwellpappe hergestellt.

   _____

   c) Verpackungsabfall wird verbrannt und dabei Energie (Wärme) gewonnen.

   _____

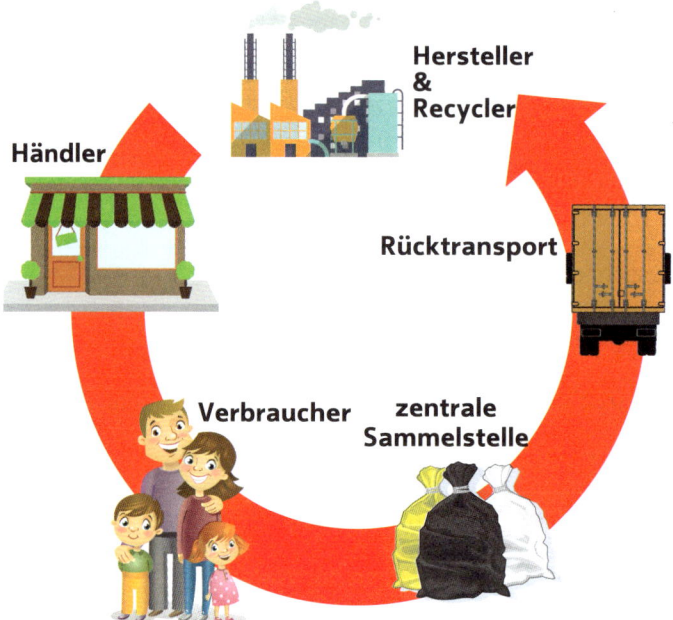

5. Wie bezeichnet man folgende Verpackungen mit dem Fachausdruck nach VerpackV? Nennen Sie jeweils ein Beispiel dazu.

Erklärung	Fachbegriff	Beispiel
Verpackung, die als Verkaufseinheit (mit der Ware) angeboten wird und beim Endverbraucher anfällt		
Verpackung, die als zusätzliche Verpackung (zur Verkaufsverpackung) verwendet wird		
Verpackung, mit der die Beförderung der Ware erleichtert wird und sie vor Beschädigung auf dem Transport geschützt wird		

6. Entsorgung von Verkaufsverpackungen:

a) Was bedeutet „duales System" in der Abfallwirtschaft?

b) Wie wird die kostenlose Entsorgung von Verpackungsabfällen finanziert?

c) Welche Bedeutung hat heute noch der „Grüne Punkt"?

d) Für welche Verpackungen steht das Zeichen mit dem Schriftzug „RESY"?

7. Bei der Erfassung bzw. Entsorgung von Verpackungsabfällen werden in Deutschland zwei verschiedene Systeme angewandt.
   Nennen Sie die beiden Systeme und erklären Sie das jeweilige System kurz in Stichpunkten.

Entsorgungssysteme

8. Geben Sie an, welche der folgenden Aussagen richtig (R) oder falsch (F) sind.
   a) Die Entsorgungskosten für Verpackungsabfälle trägt indirekt und letztendlich der Käufer einer Ware.
   b) Mehrwegverpackungen dienen auch dem Umweltschutz.
   c) Altglas-Sammelcontainer sind ein Teil des Holsystems.
   d) Umverpackungen sind immer auch Mehrwegverpackungen.
   e) Neben dem „Duales System Deutschland" gibt es noch weitere Unternehmen, die Verpackungsabfall sammeln und verwerten.

9. Informieren Sie sich im **Internet** über das duale System der Abfallentsorgung in Deutschland. (Wäre das nicht zugleich ein Thema für ein Referat, eine Hausarbeit o. Ä.?)

Arbeitsblatt 14: Zusammenfassender Test zum Lernfeld „Güter verpacken" in Rätselform

Angaben zum Rätsel:

(1) Verpackung, die mehrmals/oft verwendet wird

(2) mit Stapler unterfahrbares Packmittel

(3) Transportbehälter, dessen Maße in Fuß gemessen werden

(4) Packstoff, aus dem eine Schachtel hergestellt wird

(5) Stoff/Gut, von dem Gefahren ausgehen können

(6) zusammenlegbarer Behälter aus Alu oder Kunststoff

(7) Begriff, der fälschlicherweise auch für Schachtel verwendet wird

(8) genormte Palette, die getauscht werden kann

(9) Packhilfsmittel, das die Feuchtigkeit im Packmittel aufnehmen soll

(10) Verpackung, die nur einmal verwendet wird

(11) leichter, geschäumter Stoff, der als Füllstoff (größere Stücke) dient

(12) Beanspruchungsart bei der Verpackung

(13) auch Seecontainer genannt

(14) geschlossenes Packmittel aus Holz

(15) zweites Entsorgungssystem in Deutschland

(16) Palette mit einem Aufbau aus Baustahlgitter

(17) um ein Packstück wird ein Stahl- oder Kunststoffband gezogen

(18) Ware, die verpackt werden soll

(19) Wiederverwertung

Die **Buchstaben in den fett umrandeten Kästchen** ergeben senkrecht **ein Wort aus dem Verpackungsbereich**. Trennungs-/Bindestrich = 1 Kästchen; Umlaute (ä, ö ...) sind nicht enthalten.

(1)
(2)
(3)
(4)
(5)
(6)
(7)
(8)
(9)
(10)
(11)
(12)
(13)
(14)
(15)
(16)
(17)
(18)
(19)

Lösungswort: _____

Praktische Übung

Übung 1: Güter sicher und wirtschaftlich verpacken

Situation

In Ihrem Betrieb werden Sie beauftragt, bereits kommissionierte Packgüter unter Berücksichtigung von Sicherheit und Wirtschaftlichkeit zu verpacken und zu kennzeichnen.

Für das Verpacken stehen Ihnen die angegebenen Packmittel, Packhilfsmittel und Bildzeichen (Symbole) zur Verfügung.

Auflistung der Packgüter:

Packgut	Maße (L × B × H in cm)	Gewicht	Anmerkung
Monitor	60 × 20 × 40	8 kg	bereits vorverpackt in Schachtel
Nitro-Verdünnung (Dose)	10 × 10 × 15	1 kg	feuergefährlich; aufrecht transportieren
Buch „Logistische Prozesse"	23 × 16 × 2	0,5 kg	darf nicht nass werden

Auflistung der Packmittel:

Packmittel	Maße (L × B × H in cm)
Eurogitterbox	120 × 80 × 80 (innen)
Euroflachpalette	120 × 80 × 14,5
Wellpappe-Schachtel 1	60 × 40 × 40
Wellpappe-Schachtel 2	40 × 30 × 30
Wellpappe-Schachtel 3	30 × 20 × 20

Auflistung der Packhilfsmittel:
- Luftpolsterkissen
- Rollenwellpappe
- Stretchfolie
- Styroporchips
- Klebeband
- Umreifungsband
- Zwischenlagen aus Karton in verschiedenen Größen
- Aufkleber für Symbole und gefährliche Güter

Auflistung der Symbole:

Es stehen alle Symbole für Vorsichtsmarkierungen auf Verpackungen sowie die Kennzeichen für gefährliche Güter aus dem Fachbuch „Logistische Prozesse", Lernfeld 6, zur Verfügung.

Arbeitsauftrag:

Bearbeiten Sie die folgenden Aufträge, und zwar getrennt.

Wählen Sie jeweils das geeignete Packmittel sowie Packhilfsmittel aus und kennzeichnen Sie ggf. das Packstück.

Aufträge:
- Auftrag 1: 8 St. Monitore
- Auftrag 2: 20 Dosen Nitro-Verdünnung
- Auftrag 3: 10 St. Bücher

Auftrag 1 (Monitore):

Packmittel: Erste Möglichkeit: _____

               Anordnung:
               (Skizze)

Packhilfsmittel: _____

Packmittel: Zweite Möglichkeit: _____

               Anordnung: _____

Packhilfsmittel: _____

_____

_____

_____

Auftrag 2 (Nitro-Verdünnung):

Packmittel: _____

               Begründung: _____

_____

               Anordnung:
               (Skizze)

Packhilfsmittel: _____

_____

_____

_____

Kennzeichnung: _____

Auftrag 3 (Bücher):

Packmittel: _____

Anordnung:
(Skizze)

Packhilfsmittel: _____

_____

Kennzeichnung: _____

Praktische Übung

Übung 2:   Einen Container mit verschiedenen Packstücken beladen

Situation 1:

In einem Betrieb sollen möglichst viele Luftfilter, die in Schachteln vorverpackt sind, mit einem Seecontainer nach Australien transportiert werden.

Als Packmittel stehen folgende Alternativen zur Verfügung:

Packmittel	Maße in cm (L × B × H)	Gewicht (in kg)
Eurogitterbox	120 × 80 × 80 (innen)	70
Euroflachpalette	120 × 80 × 14,5	22
Pressholzpalette (Einwegpalette)	114 × 114 × 15	14
Wellpappe-Boxen mit Kufen	120 × 115 × 115 (einschl. Kufen, Kufenhöhe = 15 cm)	10

Arbeitsauftrag 1:

Beurteilen Sie die angegebenen Packmittel hinsichtlich ihrer Eignung für den geplanten Transport und entscheiden Sie sich für ein Packmittel.

Situation 2:
Nach Rücksprache mit dem Vorgesetzten entscheiden Sie sich für die Wellpappe-Boxen.

Arbeitsauftrag 2:
Sie sollen nun ermitteln, wie viele Luftfilter maximal in einen 40'-Seecontainer passen und welches Ladegewicht der Container (in Tonnen) aufnehmen muss.

Angaben:
- Maße der Luftfilter-Schachtel: 40 × 23 × 10 cm
- Gewichte: Luftfilter: 800 g; Filter-Schachtel (leer): 100 g
- Die Wellpappe-Boxen sind sehr stabil und stapelbar.

Containermaße:

Größe = Länge	Außenmaße			Innenmaße		
	Länge	Breite	Höhe (8,5')	Länge	Breite	Höhe (8,5')
40 Fuß	12,19 m	2,44 m	2,59 m	12,00 m	2,33 m	2,35 m
20 Fuß	6,06 m	2,44 m	2,59 m	5,87 m	2,33 m	2,35 m

Auftrag 1 (Beurteilung der verschiedenen Packmittel mit jeweils 2 Aspekten):

Eurogitterbox: _____

_____

Euroflachpal.: _____

_____

Pressholzpal.: _____

_____

Wellpappe-Box: _____

_____

Entscheidung (günstigstes Packmittel): _____

Auftrag 2:
a) Anzahl der Wellpappe-Boxen im Container:

b)   Anzahl der Filterschachteln in einer Wellpappe-Box (ggf. mit Anordnungs-Zeichnung):

c)   Gesamtzahl der Filterschachteln (aller Boxen):

d)   Ladegewicht des Containers:

Lernfeld 7:
Touren planen

Arbeitsblatt 1: Geografisches Grundwissen

1. Nennen Sie die Kontinente der Erde und geben Sie deren ungefähre Größe in Millionen Quadrat-
kilometern an. Heute ist die Einteilung der Erde in sieben Kontinente üblich.

_____

_____

_____

_____

_____

_____

2. Ergänzen Sie die folgende Tabelle.

Land	Hauptstadt	Geografische Lage der Hauptstadt (ungefähre Angabe reicht aus)	Zeitzone
Schweden			
	Rom		
		38° 43' N, 9° 10' W	
	Chișinău		
		42° 42' N, 23° 19' O	
Ungarn			
	Ljubljana		
Irland			
		59° 55' N, 10° 45' O	

3. Ergänzen Sie die nachfolgende Tabelle mit den Daten für die Staaten, die an die Bundesrepublik Deutschland grenzen.

Land	Hauptstadt	Geografische Lage der Hauptstadt (ungefähre Angabe reicht aus)	Zeitzone

4. Ergänzen Sie die auf der nächsten Seite folgende Karte mit
- den Namen der Bundesländer,
- den Hauptstädten der Bundesländer und
- den Länderbezeichnungen der an die Bundesrepublik Deutschland grenzenden Länder (internationales Kfz-Kennzeichen).

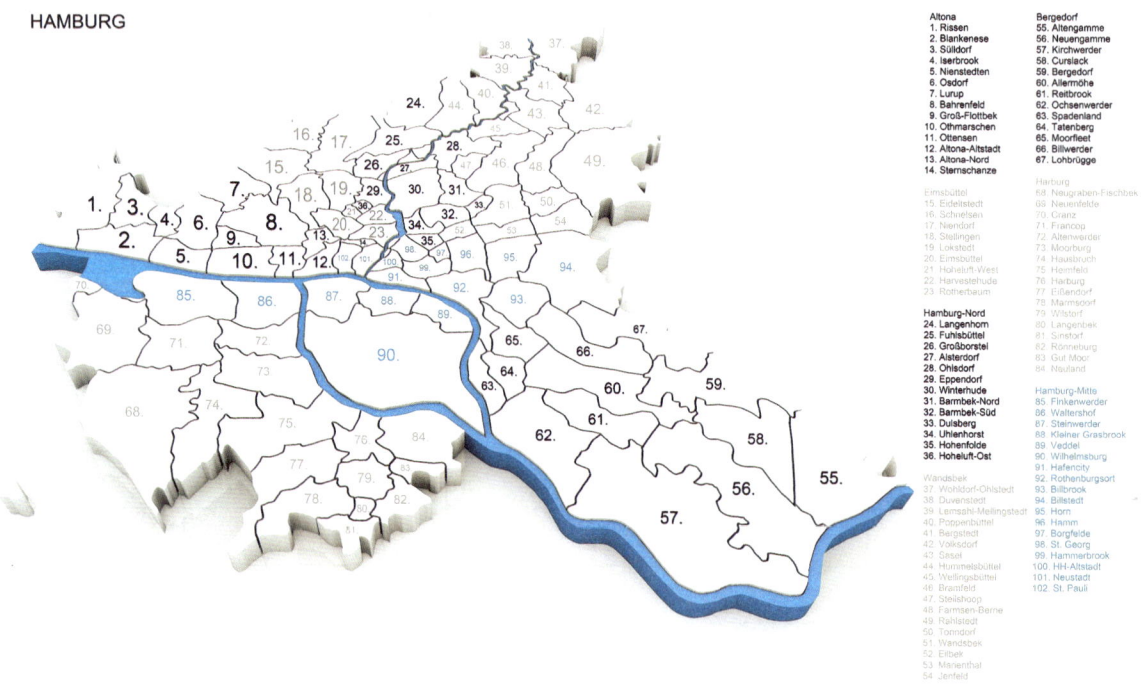

HAMBURG

Ballungsraum Hamburg

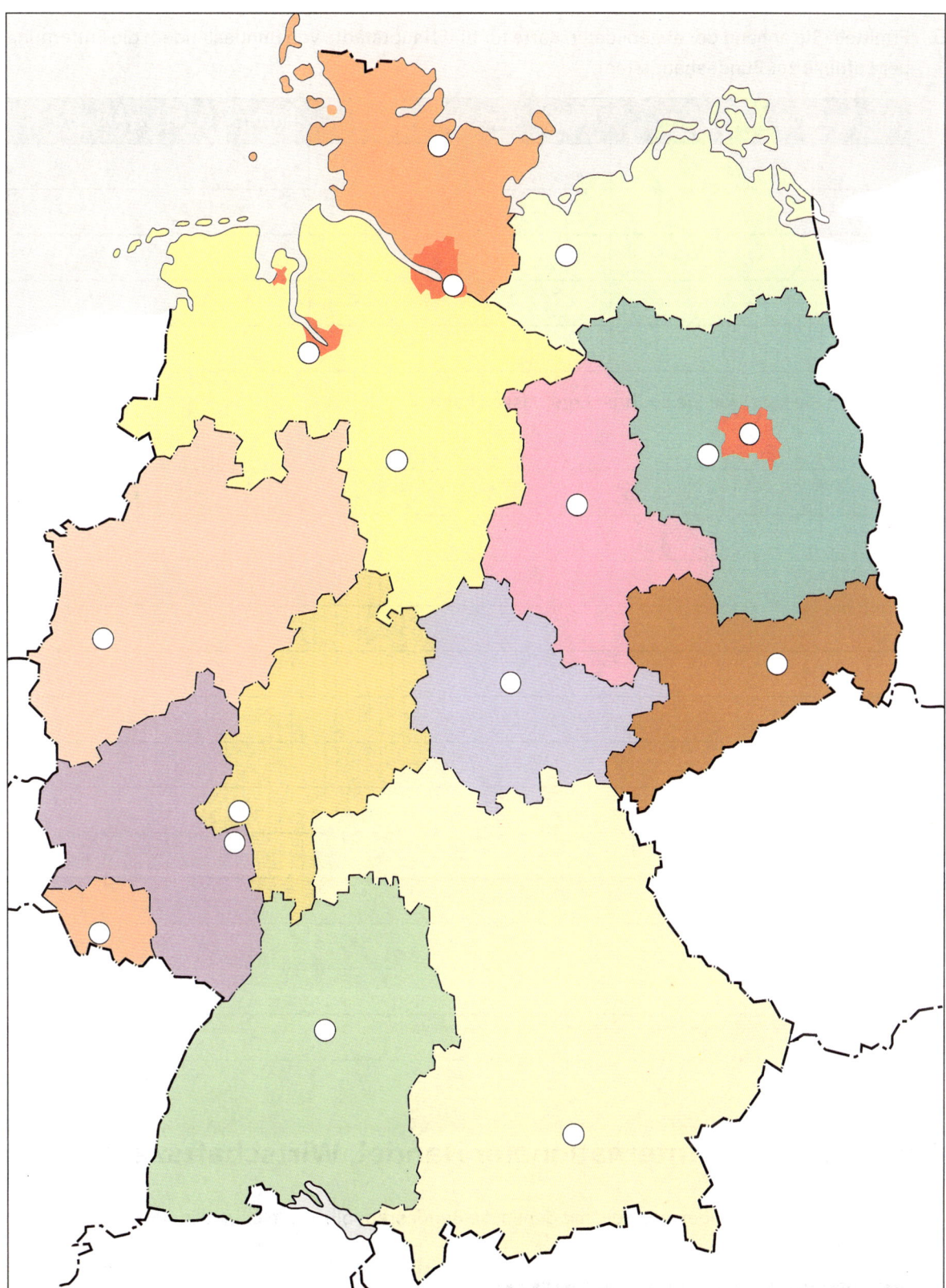

Maßstab 1 : 5 000 000

5. Ermitteln Sie anhand der abgebildeten Karte für fünf Hauptstädte von Bundesländern die Entfernung per Luftlinie zur Bundeshauptstadt.

Bundeshauptstadt	Hauptstadt Bundesland	Entfernung in km (ungefähr)

Erläutern Sie kurz, wie Sie zu Ihren Ergebnissen kamen.

_____

_____

_____

_____

_____

_____

_____

_____

_____

_____

_____

_____

_____

_____

Arbeitsblatt 2: Internationaler Handel, Wirtschaftszentren

1. Nennen Sie sechs Länder weltweit, mit denen die Bundesrepublik Deutschland in Handelsbeziehungen steht.

_____

_____

_____

_____

_____

_____

2. Lösen Sie das folgende Rätsel zu Wirtschaftszentren mithilfe des Lehrbuches.

Tragen Sie Ihre Lösungen in die Kästchen neben den Aufgabenstellungen ein. Die dunkel hinterlegten Felder ergeben von oben nach unten gelesen ein Lösungswort, das mit diesem Lernfeld in enger Verbindung steht.

a) Hafenstadt an der Mündung der Weser in die Nordsee

b) Der Regierungssitz des Freistaates Sachsen ist in ... .

c) sehr bekanntes Industriegebiet in Deutschland

d) Rhein, Main und ... begrenzen in Süddeutschland ein Logistikzentrum.

e) Flughafen in Berlin

f) Der Flughafen in Frankfurt ist nach diesem Fluss benannt.

g) Fluss durch München

h) Bundesland im Westen, das durch Schwerindustrie gekennzeichnet ist

i) In Wolfsburg werden ... gefertigt.

j) Ort für die Herstellung bzw. Reparatur von Schiffen und Flugzeugen

k) einer der bedeutendsten Eisenbahnknotenpunkte in Europa

3. Ergänzen Sie die folgende Tabelle.

Bearbeiten Sie die dazugehörigen Seiten des Lehrbuchs und ordnen Sie den gegebenen Informationen die entsprechenden Länder, Erzeugnisse oder auch die geografische Lage zu.

Land	Europa	Welt	Erzeugnisse
_____ _____	X		Wein, Käse
Spanien			_____ _____
Australien, Neuseeland			_____ _____
_____ _____	X		Papier- und Möbelherstellung
_____ _____		X	Erdöl
_____ _____	X		Blumenzucht, Gemüseanbau
Italien			_____ _____
Indien			_____ _____

Arbeitsblatt 3: Verkehrswege innerhalb ausgewählter Wirtschaftszentren

1. Nennen Sie jeweils drei wichtige
- Nord-Süd-Verbindungen und
- West-Ost-Verbindungen

innerhalb Europas. Betrachten Sie dabei auch verschiedene Verkehrsträger.

_____

_____

_____

_____

_____

_____

2. In New Orleans (USA) wurden 200 t Saatgut bereitgestellt. Der Empfänger in Cincinnati (USA) erwartet die Lieferung des Saatgutes per Binnenschiff.
    Welchen Weg sollte der Schiffsführer nehmen? Formulieren Sie Ihre Antwort in ganzen Sätzen.

    _____

    _____

    _____

3. Wie würden Sie dieses Saatgut von Kapstadt nach Pretoria (beide in Südafrika) transportieren? Begründen Sie Ihre Entscheidung.

    _____

    _____

    _____

    _____

Arbeitsblatt 4:   Auswahl der geeigneten Verkehrsmittel

1. Erläutern Sie drei Kriterien für die Wahl des geeigneten Verkehrsmittels/der geeigneten Verkehrsmittel zum Transport von Stückgut von Mecklenburg-Vorpommern nach Bayern (Entfernung ca. 900 km).

    _____

    _____

    _____

    _____

    _____

    _____

    _____

Situationsaufgabe:

In der LogServ KG mit Sitz in Frankfurt/Main sind Sie in der Abteilung Versand tätig. Entscheiden Sie sich für ein Verkehrsmittel (mit kurzer Begründung), wenn die EDV folgende Aufträge vorgibt:

a) Versand von drei Gitterbox-Paletten mit Maschinenersatzteilen nach Wiesbaden

    _____

    _____

b) Versand von wichtigen Dokumenten im Original für eine am übernächsten Tag in Tokio (Japan) stattfindende Konferenz

    _____

    _____

c) Versand von 500 t Eisenschrott nach Emden

_____

_____

_____

Praktische Übung

Übung 1:   Optimale Verkehrswege ermitteln

Aufgaben

1. Ein Transportunternehmen wird beauftragt, Güter von Neubrandenburg nach München zu beför-
    dern. Dabei soll der Fahrer unterwegs in Kassel, Würzburg und Stuttgart Teilladungen an die dortigen
    Empfänger abliefern.

    a) Wie viele Kilometer Umweg fährt der Lkw gegenüber dem kürzesten Weg? Hilfsmittel: Landkarte
        auf den folgenden Seiten.

    b) Mit welchen Staubereichen muss der Fahrer auf der kürzeren Strecke rechnen? Hilfsmittel: Land-
        karte auf den folgenden Seiten.

    a) _____

    b) _____

    _____

2. a) Ermitteln Sie aus der abgebildeten Entfernungstabelle die Entfernungen von

        a) Berlin nach Paris   _____

        b) München nach Lissabon   _____

        c) Hamburg nach Warschau   _____

        d) München nach Stockholm   _____

        e) Frankfurt nach Rom   _____

        f) Madrid nach Köln   _____

    b) Besorgen Sie sich eine Europakarte und ermitteln Sie die Entfernungen in Luftlinie gemäß dem
        Maßstab der Landkarte.

        a) Berlin nach Paris   _____

        b) München nach Lissabon   _____

        c) Hamburg nach Warschau   _____

        d) Leipzig nach Stockholm   _____

        e) Frankfurt nach Rom   _____

        f) Madrid nach St. Petersburg _____

Entfernungstabelle Deutschland & Europa (Angabe in Kilometern)

Internationale Entfernungstabelle

Die rot markierten Städte ermöglichen die Berechnung von Entfernungen zwischen Orten in Deutschland und Europa (siehe Bsp.).

Die Entfernungstabelle Deutschland (gelb) und Europa (blau) können nur wie angegeben miteinander verknüpft werden.

Entfernungen Europa — Orte aus Deutschland-tabelle in rot

Von \ Nach	Amsterdam	Athen	Barcelona	Belgrad	Berlin	Bern	Brüssel	Budapest	Bukarest	Dublin	Frankfurt M.	Hamburg	Helsinki	Istanbul	Köln	Kopenhagen	Lissabon	London	Madrid	Minsk	Moskau	München	Oslo	Paris	Prag	Rom	Sofia	Stockholm	Warschau	Wien
Wien	1150	1200	1450	1100	650	1000	1150	250	1050	1900	700	1100			900							450								
Warschau	1200	1700	2200	2500	600	1600	1400	700	1200	2100	1050	850			1150	900				550	1250	1350	1450	1600	650	1850	1450	1000		
Stockholm	1450	2100	2750	2750	950	1900	1650	1900	2500	2500	1500	950	550		1500	650	3800	1700	3550	1300	1250	1600	550	1950	1350	2750			450	700
Sofia	1700	750	2400	400	1650	1750	2100	800	400	2950	1700	2050	3050	550	1850	750	3700	2700	3000	650	1250	1350	220	2900	940	1050		390	700	150
Rom	2100	900	1100	1300	950	550	1550	1250	1950	2500	1300	1750	3000	1550	1600	2050	2700	1850	1850	2450	3100	780	1800	1350	1050		600	760	570	160
Prag	900	400	1750	400	350	950	800	500	150	2350	500	700	2900	2950	430	750	3650	1200	2700	1200	2150	370	1350	920		380	370	400	160	
Paris	500	2350	1500	900	1050	550	300	1550	2150	900	600	950	2950	2100	500	1250	1850	400	1200	2150	2850	950	1350		570	1850	120	620	160	
Oslo	1300	1700	3450	2050	950	1800	1250	800	1350	1800	1350	850	750	3300	1150	600	3650	1250	3800	1900	1900	1600		1800	630	300	210	100	260	
München	850	3200	900	2900	400	300	700	900	750	1850	400	780			580	750	3000	1100	2700	2050	2300		1600	850	400	950	1350	1600	1050	450
Moskau	2500	4500	3200	2400	1800	2000	2700	1900	1700	3500	1900	2200	1150	2850		2500	4000	2850	4200	700		2300	1900	2850	1900	3150	1250	1300		
Minsk	1800	2400	3800	2900	950	1550	2000	1200	1350		1650	1450	1250			1550	4000	2500	2050		700	2300	1900	2850	1900	2450				
Madrid	1800	4500	650	3600	2200	1550	1550	2600	2350	2350	1900	2200	3400	3500	2250	650	650		1850	2050	4700	2700	3800	1200	2000	250	580	410	490	
London	2350	3200	4500	1150	1000	1550	300	1350	1950	800	900	950	2100	2950	430	1250	1550		1250	2350	3000	1100	1250	400	690	180	660	340	140	80
Lissabon	2350	4500	1100	3600	2200	2150	2150	3350	3000	3000	2450	2800	3950	4250	1600	3100		1550	600	4000	3650	2800	900	1250	560	380	625	360	220	
Kopenhagen	800	2700	2750	1500	350	1350	950	1200	2050	1700	800	300	850	2650	550		3100	1250	650	1550	2500	750	600	1250	330	530	720	360	340	380
Köln	200	2700	1400	2000	580	600	250	1150	2000	650	200	430	1600	2450		155	2250	310	520	440	500	180	660	180	250	720	370	180	170	
Istanbul	2700	1100	2950	1350	1850	2200	2300	2650	1250	3500	1700	1750	3250		2450	2650	4250	2950	3500	550	2850	1850	3300	2100	2050	1550	530	860	385	500
Hamburg	450	3650	2750	2600	300	950	600	1200	1800	2150	500		740	170		385	350	350	200	120	640	650	90	260	280	870	500	300	580	500
Frankfurt M.	450	2500	1350	1350	550	400	450	1000	1800	1350		500	610	480	560	500	350	350	200	385	85	400	440	230	440	740	200	540	210	190	40
Dublin	950	3600	2000	2500	1300	1700	1550	550	650				1020	690	320	370	160	310	470	670	570	725	930	795	980	285	810	1080	810	735	680
Bukarest	2220	1150	3600	1150	1250	800	2150	520		260	650	370	550	510	330	220	150	370	520	140	330	420	270	460	490	440	580	350	430	280
Budapest	1400	1500	2000	400	1400	800		470	590	930	700	255	260	390	425	330	520	600	840	675	890	425	560	980	710	500	480	
Brüssel	200	2900	1350	2000	700	290		375	540	225	625	680	235	40	505	280	610	445	655	570	280	770	410	200	200	
Bern	950	2700	950	1450	580		215	660	460	180	550	105	570	115	530	460	315	465	440	640	605	510	635	490	
Berlin	650	2400	1900	1300		70	305	310	490	225	560	700	610	350	215	165	190	440	300	605	440	660	515	330	755	420	260	210	
Belgrad	1800	1150	2050		235	140	340	275	445	460	835	575	130	130	285	410	390	515	750	585	800	300	515	910	630	480	430	
Barcelona	1600	875		495	200	560	520	300	450	550	105	675	220	300	290	385	600	190	615	590	440	630	230	725	735	630	715	570
Athen	775		555	745	550	845	520	585	980	335	940	370	840	825	680	525	600	710	270	390	450	580	1000	265	530	270	325	350
Amsterdam	545	650	370	155	645	90	375	440	625	255	700	700	750	480	355	310	165	75	570	290	650	470	690	650	310	800	420	160	230

Entfernungstabelle Deutschland — Orte aus Europatabelle in rot

Von \ Nach	Aachen	Basel	Berlin	Bremen	Dortmund	Dresden	Düsseldorf	Emden	Erfurt	Flensburg	Frankfurt M.	Frankfurt O.	Garm.-Patenk.	Görlitz	Hamburg	Hannover	Kassel	Koblenz	Köln	Leipzig	Mannheim	München	Nürnberg	Passau	Rostock	Saarbrücken	Salzburg	Stuttgart	Trier	Wiesbaden
Wiesbaden																														
Trier																													150	
Stuttgart																													220	150
Salzburg																												390	570	
Saarbrücken																											600	700	160	
Rostock																										920	760	160	760	
Passau																									940	470	400	220	
Nürnberg																						170		820	370	120	400	100	
München																							430	510	150	230	500	430	
Mannheim																						810	140	135	
Leipzig																				250	570	470	180	
Köln																			600	720	370	180	170	
Koblenz																		105	690	180	660	280	140	80	
Kassel																250	500	660	625	360	340	220	
Hannover														530	280	290	430	630	470	560	410	
Hamburg											155	310	520	440	570	570	470	560	410	
Görlitz										670	430	215	630	560	180	300	610	730	590	
Garm.-Patenk.										840	825	680	525	600	710	270	390	450	580	
Frankfurt O.									170	385	350	350	200	120	640	650	90	260	280	
Frankfurt M.								500	350	350	200	385	85	400	440	230	440	740	200	540	210	190	40	
Flensburg							160	310	470	670	570	725	930	795	980	285	810	1080	810	735	680	
Erfurt					140	330	420	270	460	490	440	580	350	430	280	
Emden				150	370	520	140	330	420	270	460	490	440	580	350	430	280	
Düsseldorf				70	255	260	220	150	370	520	600	840	675	890	425	560	980	710	500	480	
Dresden				305	290	625	680	235	40	505	280	610	445	655	570	280	770	410	200	200	
Dortmund				310	385	460	180	550	105	570	115	530	460	315	465	440	640	605	510	635	490	
Bremen			515	490	285	140	340	275	445	560	700	610	350	215	165	190	440	300	605	440	660	515	330	755	420	260	210	
Berlin		875		235	200	560	520	300	450	550	105	675	220	300	290	385	600	190	615	590	440	630	230	725	735	630	715	570
Basel	335		555	745	550	845	520	585	980	335	940	370	840	825	680	525	600	710	270	390	450	580	1000	265	530	270	325	350
Aachen	255	335	650	370	155	645	90	375	440	625	255	700	700	750	480	355	310	165	75	570	290	650	470	690	650	310	800	420	160	230

Quelle: Entfernungstabelle für Deutschland und Europa © online-stadtplan.de, BDP GmbH, Zugriff am 23.03.2018 unter: www.online-stadtplan.de/entfernungstabelle.html

Beispiel:
Berlin bis Dresden = 200 km
Berlin bis Prag = 400 km
Dresden bis Prag = 400 km − 200 km = 200 km

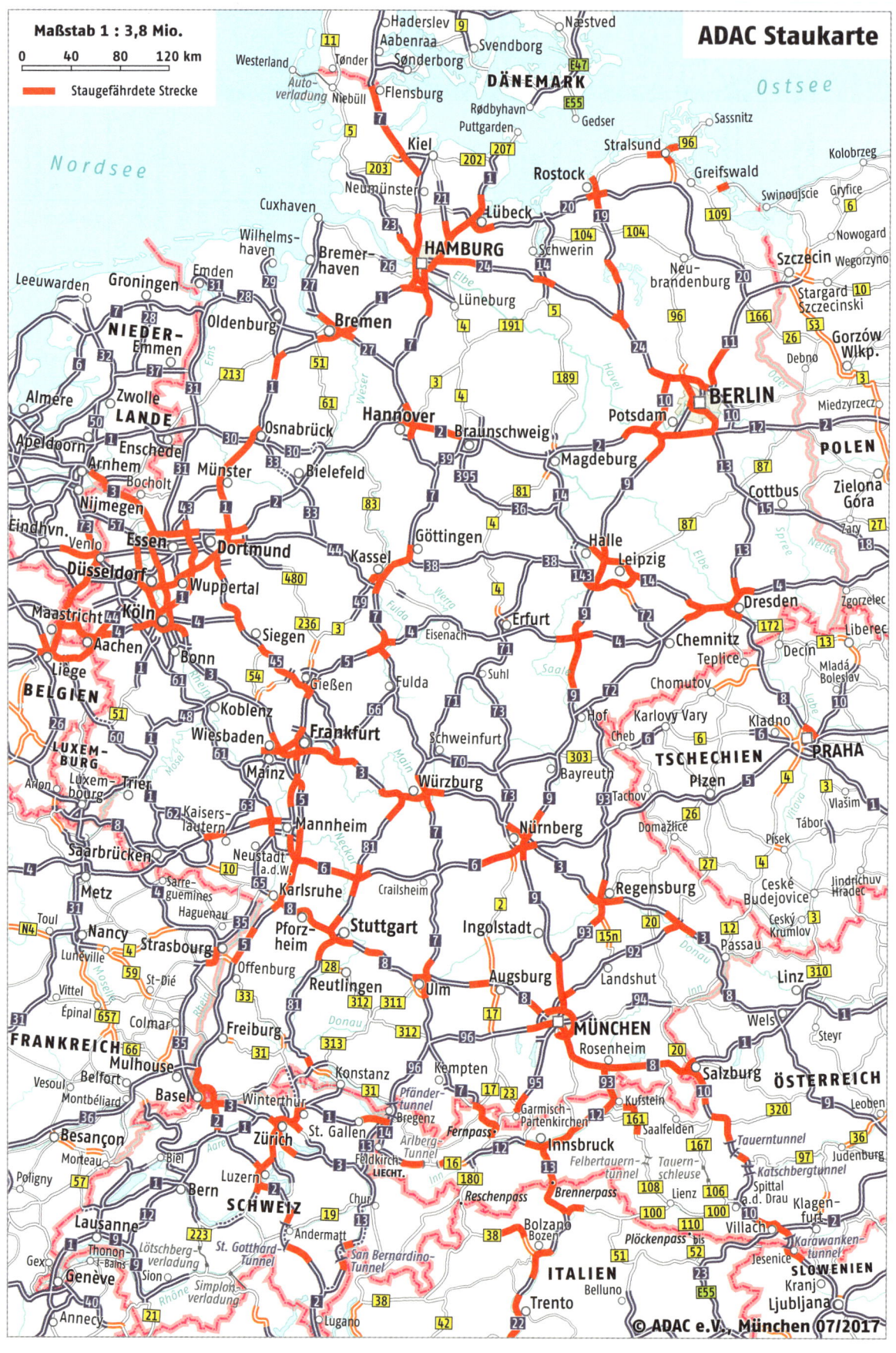

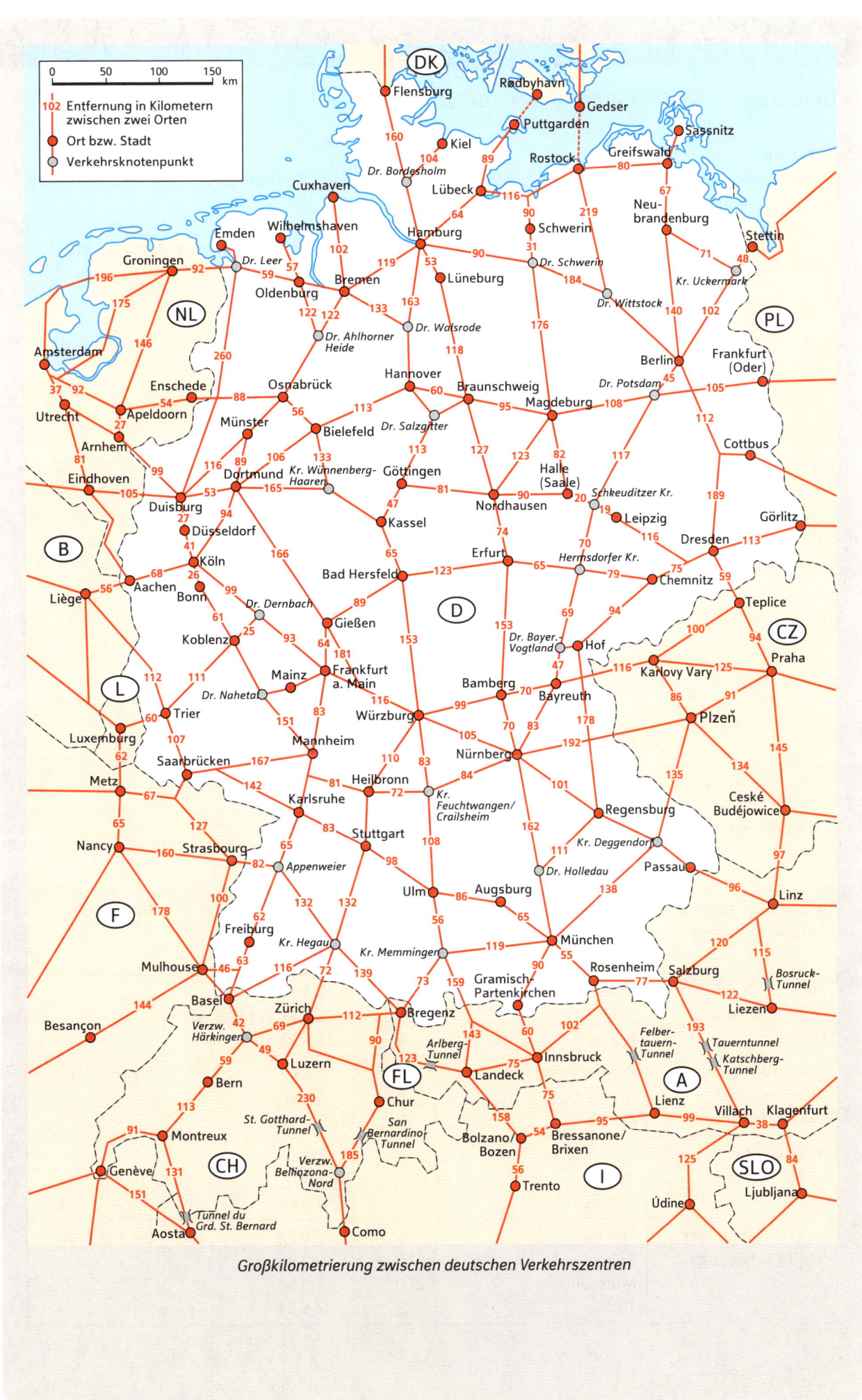

Großkilometrierung zwischen deutschen Verkehrszentren

Praktische Übung

Übung 2:   Tour für eine Teileauslieferung planen

Situation

Als Mitarbeiter in der zentralen Teileauslieferung der Automobil AG in Halle an der Saale haben Sie die Aufgabe, die Autohändler der Umgebung mit Teilen zu beliefern.

Ihnen liegt die nachstehende Liste der Händler vor, die am nächsten Tag die bestellten Teile erhalten sollen. Für die Auslieferung stehen Ihnen zwei Lastkraftwagen zur Verfügung, aber nur ein Fahrer.

Es sind zwei Touren geplant:
Tour 1 am Vormittag   Tour 2 am Nachmittag
Arbeitsbeginn ist 07:00 Uhr, Mittagspause für den Fahrer von 12:00 bis 13:00 Uhr.
Beide Lkws verfügen über ein maximales Ladegewicht von je 3 500 kg.

Liste mit den Lieferungen für den morgigen Tag:

Adresse des Kunden	Bestellung des Kunden	Anzahl	Gewicht pro Stück	Bemerkungen
Max Müller KG 06749 Bitterfeld	Motorenöl Bremsklötze Fahrradständer	100 32 5	1,0 kg 6,5 kg 15,0 kg	
Autohaus Schulte 04509 Delitzsch	Auspuff Lautsprecher Kotflügel Reifen	5 4 2 16	7,2 kg 3,0 kg 35,0 kg 9,0 kg	
Kluge Autohandel 06333 Hettstedt	Schalter Gewindestäbe Felgen Frontscheibe	20 50 4 3	0,75 kg 1,5 kg 7,25 kg 16,0 kg	ab 13:00 Uhr
Ingo Schmidt GmbH 06420 Könnern	Achse Lautsprecher Tür Bremsscheiben	2 4 2 20	175,0 kg 3,0 kg 75,0 kg 7,4 kg	
Autohaus Landsberg 06188 Landsberg	Motorenöl Kotflügel Felgen	200 6 12	1,0 kg 36,5 kg 5,5 kg	bis 08:00 Uhr
Keller & Nagel 06295 Lutherstadt Eisleben	Motorenöl Schrauben Reifen	100 500 4	1,0 kg 2,0 kg je 100 Stück 10,0 kg	
Schnur & Sohn Autoreparatur 06268 Querfurt	Frontscheibe Autoradio Achse	2 2 2	17,5 kg 6,0 kg 165,0 kg	ab 15:00 Uhr
Autopark Seidl 06217 Merseburg	Lautsprecher Achse Kotflügel	4 2 1	3,0 kg 160,0 kg 40,0 kg	
Mutze & Schreiber 04435 Schkeuditz	Felgen Reifen Motorenöl Tür	6 10 200 2	7,0 kg 9,0 kg 1,0 kg 67,5 kg	bis 12:00 Uhr

1. Planen Sie die Routen für Tour 1 und Tour 2 nach der vorliegenden Landkarte und tragen Sie die anzufahrenden Orte und Kunden in einer sinnvollen Reihe in die abgebildeten Tourenpläne ein. Berücksichtigen Sie dabei die zeitlichen Sonderwünsche der Kunden.

2. Errechnen Sie das Gewicht der Ladung je Lkw und tragen Sie dieses ebenfalls in den Tourenplan ein.

Automobil AG
Tourenplan

Tour 1
Ladegewicht gesamt: _____

Laufende Nummer	Ort	Empfänger	Gewicht
1			
2			
3			
4			
5			
6			

Automobil AG
Tourenplan

Tour 2
Ladegewicht gesamt: _____

Laufende Nummer	Ort	Empfänger	Gewicht
1			
2			
3			
4			
5			
6			

3. Nennen Sie drei Gesichtspunkte, die Sie bei der Zusammenstellung der Touren beachten müssen.

Beispiele:

_____

_____

_____

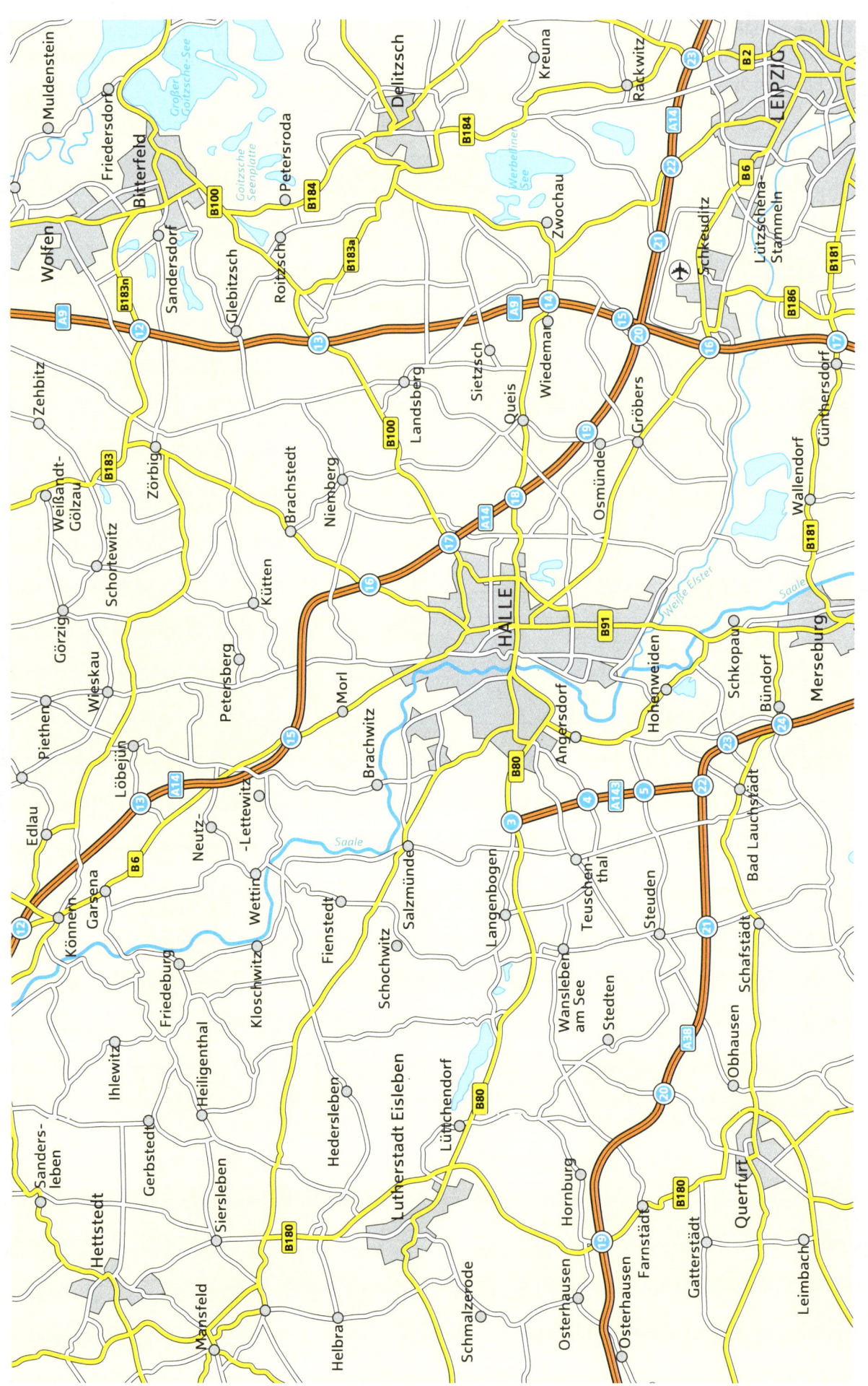

Praktische Übung

Übung 3:   Eine grenzüberschreitende Tour planen (1)

Situation

Die NewLog KG beliefert per Lkw aus dem Lager in München vor allem Empfänger im östlichen Alpen-raum und den nördlichen Teilen Süd- und Südosteuropas.

Die Lkws der NewLog KG können jeweils 21 Europaletten laden.
Als Mitarbeiter im Versand sind Sie beauftragt, eine Tourenplanung für folgende Aufträge zu erstellen:

Kunde	Lieferort/Land	Versand	Anmerkungen
Wieser GesmbH	Salzburg/Österreich	4 Europaletten	nur vormittags liefern
Hofer Sanitär und Heizung	Innsbruck/Österreich	19 Europaletten	Annahme durchgehend
Fliesen- und Sandstein GmbH	Graz/Österreich	7 Europaletten	Mittwoch ist nachmittags geschlossen
Vukovic Marjan	Laibach/Slowenien	3 Europaletten	
Cviic Handelsgesellschaft	Rijeka/Kroatien	7 Europaletten	
Zoran Zavic	Zagreb/Kroatien	4 Europaletten	
J. Kosir	Maribor/Slowenien	3 Europaletten	
Antonia Franca SPA	Udine/Italien	14 Europaletten	nur von 14:00–18:00 Uhr liefern

1. Wie viele Lkws sind für die Beförderung aller Versandaufträge nötig?

_____

2. Suchen Sie die Lieferorte, die von der NewLog KG anzufahren sind, auf Karten, in Atlanten oder auch im Internet.

3. Stellen Sie drei Touren für die Lieferung der Europaletten zusammen.
   Tour 1:
      Fahrstrecke: _____

      Paletten: _____
   Tour 2:
      Fahrstrecke: _____

      Paletten: _____
   Tour 3:
      Fahrstrecke: _____

      Paletten: _____

4. Ermitteln Sie mithilfe eines Routenplaners aus dem Internet die reine Fahrzeit für die einzelnen Touren.

   Tour 1: _____

   _____

   Tour 2: _____

   _____

   Tour 3: _____

   _____

Praktische Übung

Übung 4:   Eine grenzüberschreitende Tour planen (2)

Die INTERTRANS GmbH, Köln, führt im gesamten europäischen Raum Transporte für die Lebensmittelindustrie durch. Auf dem Rückweg von einem Betrieb in Mailand sollen verschiedene Empfänger in Basel, Strasbourg, Karlsruhe und Frankfurt/Main beliefert werden.

1. Bestimmen Sie, welche Länder Europas von der Tour betroffen sind.

    _____   _____

    _____   _____

    _____   _____

2. Geben Sie an, durch welche Bundesländer der Bundesrepublik diese Tour von Süd nach Nord führen wird, und nennen Sie die zugehörige Landeshauptstadt.

    _____   _____

    _____   _____

    _____   _____

    _____   _____

3. Ermitteln Sie die Entfernungen zwischen den Städten der Tour gemäß Großkilometrierung.

Strecke			Entfernung in km
	nach		
	nach		
	nach		
	nach		
	nach		

Lernfeld 8:
Güter verladen

Arbeitsblatt 1: Rechtliche und physikalische Grundlagen der Ladungssicherung

Situation: Sie haben zehn Paletten mit Gütern zur Verladung auf einem Lkw der Spedition Fuchs vorbereitet. Die Lieferung geht an einen Kunden in Italien. Nach Eintreffen des Lkw macht der Fahrer eine Pause im nahen Café und erwartet, dass Sie die Beladung des Lkw übernehmen.

1. In welchen rechtlichen Vorschriften finden Sie Aussagen darüber, wer die Verladung durchzuführen hat und für eine sichere Ladung verantwortlich ist?

   _____

2. Erklären Sie den Unterschied zwischen beförderungssicherer und betriebssicherer/verkehrssicherer Verladung? Wer ist jeweils dafür verantwortlich?

   _____

   _____

   _____

   _____

   _____

3. Angenommen, der Fahrer hilft bei der Beladung – freundlicherweise oder weil er in Eile ist – mit und er verursacht dabei einen Schaden an den zu verladenden Gütern. Wer ist dann für diesen Schaden verantwortlich?

   _____

   _____

4. Mangelnde Ladungssicherung ist häufig Ursache für Transportschäden. Zu selten machen sich die verantwortlichen Personen wie Absender, Verlader, Frachtführer und Fahrer Gedanken über die physikalischen Kräfte, die beim Transport auf die Ladung wirken oder von der Ladung ausgehen. Welche Kräfte treten in den verschiedenen Situationen beim Transport auf?

   _____

5. Wie stark wirkt die Massenkraft maximal beim Anfahren, Bremsen oder in Kurven auf die Ladung?

_____

_____

6. Welcher Zusammenhang besteht bei der Massenkraft zwischen Masse, Geschwindigkeit und Kurvenradius?
Stellen Sie den nachfolgenden Satz richtig, indem Sie die drei falschen Wörter streichen.
Je größer/kleiner die Masse und Geschwindigkeit und je größer/kleiner der Radius der Straßenkurve, desto größer ist die Fliehkraft/Trägheitskraft.

7. Welcher Zusammenhang besteht bei der Massenkraft zwischen Masse und Beschleunigung? Stellen Sie den nachfolgenden Satz richtig, indem Sie die drei falschen Wörter streichen.
Je größer/kleiner die Masse und je größer/kleiner die Beschleunigung beim Anfahren, desto größer ist die Fliehkraft/Trägheitskraft.

8. Mit welcher Gewichtskraft F_G in Newton und Deka-Newton drückt eine 300 kg schwere Palette auf die Ladefläche, wenn die Erdbeschleunigung g = 9,81 m/s² beträgt?

_____

_____

9. Ergänzen Sie die folgenden Sätze zur Erklärung der Reibungskraft.

Die Reibungskraft ist die _____ , die beim Anfahren, Bremsen und in Kurven einer

_____ der _____ entgegenwirkt. Die Reibungskraft ist umso größer, je rauer die

Oberflächen der _____ und der _____ sind.

10. Die Masse (Gewicht) der Ladung beträgt m = 1 500 kg. Die Ladefläche und die Oberfläche der Ladung sind aus Metall. Beide Oberflächen sind trocken. Der Gleit-Reibbeiwert µ beträgt dafür 0,2.

    a) Wie groß ist die Gewichtskraft in Newton und Deka-Newton?
    b) Wie groß ist die Reibungskraft in Deka-Newton?
    c) Wie groß wäre die Reibungskraft in Deka-Newton, wenn eine Antirutschmatte mit dem Gleit-Reibbeiwert µ = 0,6 verwendet wird?

> Formeln zur Lösung:
> Gewichtskraft F_G = Masse m in kg · Erdbeschleunigung g (9,81 m/s² aufgerundet 10 m/s²)
> Die physikalische Einheit lautet N (Newton).
> Reibungskraft F_R = Gleit-Reibbeiwert µ · Gewichtskraft F_G

a) _____

_____

b) _____

_____

c) _____

_____

11. Ergänzen Sie den folgenden Satz zur Erklärung der Sicherungskraft.

Die Sicherungskraft ist die Kraft, die zusätzlich zur _____ eingesetzt werden muss, um

ein _____ der Ladung, z. B. beim Bremsen, zu vermeiden.

> Die Sicherungskraft errechnet sich nach der Formel:
> Sicherungskraft F_S = Massenkraft F_M – Reibungskraft F_R

12. Die Masse der Ladung beträgt m = 2,5 t. Bei einer Vollbremsung wirkt eine Massenkraft von 80 % der Gewichtskraft F_G. Der Gleit-Reibbeiwert μ beträgt 0,4.

  a) Wie groß ist die Massenkraft F_M (Trägheitskraft) in Deka-Newton, mit der das Ladungsgut nach vorne verrutschen wird?
  b) Wie groß ist die Reibungskraft F_R in Deka-Newton?
  c) Wie groß muss die Sicherungskraft F_S in Deka-Newton sein, damit das Ladungsgut nicht verrutscht?

  a) _____

  _____

  b) _____

  _____

  c) _____

  _____

13. Wovon hängt es ab, ob ein Ladungsgut während des Transports nach vorne, zur Seite oder nach hinten kippt?

_____

_____

_____

_____

14. Ein Ladungsgut ist 1,30 m lang, 1,20 m breit und 1,70 m hoch. Der Sicherungsfaktor beträgt nach vorne 0,8, zur Seite 0,5 und nach hinten 0,8. Berechnen Sie, ob Kippgefahr a) nach vorne, b) zur Seite und c) nach hinten besteht. Zeichnen Sie sich dafür als Hilfe ein Ladungsgut im Maßstab 1 : 25. Grundsätzlich gilt: Das Ladungsgut ist standsicher, wenn B_S/H_S größer ist als der jeweilige Sicherungsfaktor gegen Kippen.

Kippen nach vorne: _____

Kippen zur Seite: _____

Kippen nach hinten: _____

Arbeitsblatt 2: Arten der Ladungssicherung

1. Welche zwei Arbeitsschritte sind bei der Sicherung einer Ladung zu beachten?

1. Schritt: _____

_____

2. Schritt: _____

_____

2. Welche drei Sicherungsarten sind bei der Ladungssicherung zu unterscheiden?

_____

_____

3. Bearbeiten Sie das Thema „Kraftschlüssige Ladungssicherung" durch Ausfüllen des Lückentextes.

Die kraftschlüssige Ladungssicherung erfolgt durch _____ mithilfe von

_____ . Als Zurrmittel werden häufig _____ verwendet.

Die Zurrmittel werden dabei über das Ladungsgut geführt und mit einem Spannelement, z. B. einer

_____ , gespannt. Dadurch wird das Ladungsgut auf die Ladefläche gepresst und die Reibungs-

kraft F_R/Gewichtskraft F_G erhöht. Beim Niederzurren sichern die Zurrmittel nicht die Ladung, son-

dern erhöhen die _____ . Die Ladung wird somit durch die höhere Reibungskraft gesichert.

Die Kraft, die über die Handkraft in die Ratsche des Zurrmittels eingeleitet wird, um das Ladegut nie-

derzuzurren, nennt man _____ . Je größer die Vorspannkraft, desto besser ist die

Ladung vor dem _____ gesichert. Bei einem Zurrwinkel α = 90° wirkt die Vorspannkraft

zu _____ .Wie stark die Vorspannkraft beim Niederzurren tatsächlich wirkt, hängt vom

_____ ab. Je geringer der Zurrwinkel α, desto mehr oder stärkere _____ müssen

eingesetzt werden, um die gleiche Vorspannkraft zu erzeugen.

4. Die Masse der Ladung beträgt m = 1,5 t. Der Gleit-Reibbeiwert μ beträgt 0,4. Der Sicherungsfaktor f nach vorne 0,8.

   a) Wie groß muss die Vorspannkraft F_V sein, damit die Ladung ausreichend gegen Verrutschen gesichert ist?

   b) Wie viel Zurrmittel mit einer Vorspannkraft S_{TF} von je 200 Deka-Newton sind notwendig, um die Ladung zu sichern?

Formel zur Berechnung:

$$F_V = \frac{f - \mu}{\mu} \cdot \frac{F_G}{1,5}$$

a) _____

b) _____

_____

5. Welche Möglichkeiten der formschlüssigen Ladungssicherung kennen Sie?

_____

_____

_____

_____

_____

6. Die Nutzlast des Fahrzeugs beträgt 10 000 kg (entspricht der Nutzlast F_{Nutz} = 10 000 daN), das tatsächliche Ladungsgewicht 9 000 kg.
Nach vorn zu sichernde Kraft: 80 % der Gewichtskraft der Ladung
Belastbarkeit der Stirnwand: 40 % der Nutzlast
Vorhandene Reibungskraft: 22 % der Gewichtskraft der Ladung
a) Ermitteln Sie die noch zu sichernde Differenzkraft in Deka-Newton.
b) Ermitteln Sie die Differenzkraft, wenn die Ladung unter den selbem Bedingungen auf einem Fahrzeug mit einer Nutzlast von 20t verladen wird.

_____

_____

_____

_____

7. Wodurch unterscheidet sich das Direktzurren vom Niederzurren?

_____

_____

_____

_____

8. Welche drei Arten des Direktzurrens unterscheidet man in der Praxis?

_____

_____

_____

9. Bei welcher Art des Direktzurrens
    a) werden die Zurrmittel im rechten Winkel zur Außenkante der Ladefläche gespannt,
    b) dient die Kopfschlinge als Ladungssicherung in Fahrtrichtung,
    c) sichert immer ein Zurrmittel jede der vier Ecken des Ladungsgutes,
    d) kann die Kopfschlinge mit Hebegurten oder Kantenwinkeln erfolgen,
    e) sind immer acht Zurrmittel erforderlich,
    f) werden die Zurrmittel diagonal zur Außenkante der Ladefläche gespannt?

a) _____ c) _____ e) _____

b) _____ d) _____ f) _____

Arbeitsblatt 3:　Mittel und Verfahren zur Ladungssicherung

1. Womit müssen Nutzfahrzeuge für den Stückgutverkehr mit einem zulässigen Gesamtgewicht von mehr als 3,5 t ausgerüstet sein?

_____

_____

2. Welche Zurrmittel kennen Sie?

_____

3. Aus welchen drei Teilen bestehen Zurrgurte?

_____

_____

4. Welche Angaben muss das Etikett am Zurrgurt enthalten?

_____

_____

_____

_____

5. Wovon hängt die Leistungsfähigkeit (Lashing Capacity) einer Zurrkette ab?

_____

_____

6. Zurrdrahtseile unterliegen einem natürlichen Verschleiß. Wann sind sie abzulegen, d.h., wann dürfen sie nicht mehr verwendet werden?

_____

_____

_____

_____

7. Neben den Zurrmitteln sind weitere Hilfsmittel zur Ladungssicherung im Einsatz. Ordnen Sie diese der jeweiligen Gruppe zu.

a) Hilfsmittel, die im Fahrzeugaufbau fest verankert sind:

_____

b) Das Ladegut fixierende Hilfsmittel:

_____

c) Die Leerräume ausfüllende Hilfsmittel:

_____

d) Das Ladegut umspannende Hilfsmittel:

_____

e) Die Reibung erhöhende Hilfsmittel:

_____

8. Aus welchen Gründen sollte vor der Beladung eines Transportmittels, z.B. eines Containers, ein Stauplan erstellt werden?

_____

_____

_____

_____

9. Welche Möglichkeiten kennen Sie für die Erstellung eines Stauplans?

_____

_____

_____

_____

_____

10. Erklären Sie die Aussage „Das Ladegut sollte Modulabmessungen haben".

_____

11. Vor dem Beladen sollte ein Container außen und innen „durchgecheckt" werden.

    a) Welche Prüfungen nehmen Sie außen vor?

_____

_____

_____

_____

_____

_____

_____

_____

    b) Welche Prüfungen nehmen Sie innen vor?

_____

_____

_____

_____

_____

_____

    c) Welche Grundregeln müssen Sie beim Stauen der Ladung beachten?

_____

_____

_____

_____

_____

_____

_____

_____

_____

_____

d) Welche Prüfungen nehmen Sie nach der Beladung des Containers vor?

_____

_____

_____

_____

_____

Arbeitsblatt 4:   Gefahrgut

1. Gefahrgutbeauftragte/-r:

  a) Welche Unternehmen müssen einen Gefahrgutbeauftragten bestellen?

_____

_____

  b) Von wem kann die Tätigkeit des Gefahrgutbeauftragten im Unternehmen wahrgenommen werden?

_____

_____

_____

_____

  c) Ergänzen Sie den folgenden Lückentext.
   Von der Pflicht, einen Gefahrgutbeauftragten zu bestellen, sind z. B. Unternehmen befreit,

- die jährlich nicht mehr als _____ gefährliche Güter befördern,

- die gefährliche Güter lediglich _____ .

  d) Nennen Sie fünf Aufgaben des Gefahrgutbeauftragten.

_____

_____

_____

_____

_____

_____

_____

_____

e) Angenommen, Ihr Betrieb muss gemäß Verordnung einen Gefahrgutbeauftragten benennen. Ein Mitarbeiter erscheint dafür geeignet und ist auch bereit zur Übernahme dieser Tätigkeit. Welche Voraussetzung ist außerdem noch notwendig?

_____

f) Informieren Sie sich in Ihrem Ausbildungsbetrieb, ob Gefahrgüter verpackt oder versendet werden und ggf. wer als Gefahrgutbeauftragter dafür zuständig ist.

Gefahrgüter in meinem Betrieb: _____

_____

Gefahrgutbeauftragter: _____

_____

Arbeitsblatt 5:   Gefahrgut-Transport

1. Welches Gesetz ist beim Transport von gefährlichen Gütern zu beachten?

   ▪ Gesetz: _____

2. Was sind gefährliche Güter nach dem oben genannten Gesetz?

   Gefährliche Güter sind Stoffe, von denen beim _____

   _____ sowie bei der _____ Gefahren ausgehen können für

   _____ .

3. Für welche Transporte gilt das oben genannte Gesetz **nicht**?

   _____

4. Welche **Befugnisse** haben die zuständigen Behörden im Rahmen dieses Gesetzes?

   a) Zuständige Behörden sind: z. B.

   _____

   b) Nennen Sie drei Befugnisse.

   _____

   _____

   _____

   _____

   _____

5. Es gibt spezielle Verordnungen über die Beförderung von gefährlichen Gütern.
Welche Bedeutung haben folgende Abkürzungen für solche Gefahrgutverordnungen?

a) GGVSEB: _____

b) ADR: _____

c) ADN: _____

d) RID: _____

e) IATA: _____

f) IMDG: _____

6. Welche Regelungen enthalten diese Verordnungen? Nennen Sie drei wichtige Punkte.

_____

_____

_____

_____

7. Was hat der Verpacker im Rahmen des Gefahrguttransports zu prüfen?

_____

_____

_____

_____

_____

_____

_____

8. Welche Begleitpapiere sind beim Gefahrguttransport zu erstellen und vom Fahrer mitzuführen?

_____

_____

_____

_____

_____

9. Welche Angaben muss ein Frachtbrief für Gefahrgut enthalten, die im Frachtbrief für den Transport normaler Güter nicht angegeben werden?

_____

_____

_____

_____

_____

_____

_____

_____

10. Nennen Sie nach der Tabelle für Zusammenladeverbote drei Güterklassen, die nicht zusammen geladen werden dürfen.

_____

_____

11. Welche Informationen hat der Versender dem Fahrer zu geben, wenn Gefahrgut geladen wird?

_____

_____

12. Welche Ausrüstungen hat der Fahrer beim Transport von Gefahrgut mitzuführen?

_____

_____

_____

_____

_____

_____

_____

_____

_____

_____

13. Welche Maßnahmen sind bei einem Unfall mit entzündbaren Gasen, Klasse 2.1, zu ergreifen. Lesen Sie dazu die schriftlichen Weisungen im Fachbuch „Logistische Prozesse".

_____

_____

_____

14. An einem Lkw befindet sich zusätzlich folgende (orangefarbene) **Warntafel**.
Welche Bedeutung haben die Beispiele (ohne Stoffnummer)?

a)

30
1202

→ bedeutet: _____
(Stoffnummer)

b)

X42
1425

→ bedeutet: _____
(Stoffnummer)

c)

33
1203

→ bedeutet: _____
(Stoffnummer)

15. Was sind Placards?

_____

16. Bei der Beförderung begrenzter Mengen Gefahrgut in Versandstücken kann der Transport von den Vorschriften des ADR freigestellt werden.
  a) Was braucht der Fahrer in diesem Fall nicht?

_____

_____

_____

_____

  b) In welchem Fall kann die Begrenzte Menge-Regelung angewendet werden?

_____

_____

_____

_____

_____

_____

c) In der Versandabteilung liegen vier Packstücke zur Auslieferung bereit. Auf drei Packstücken befindet sich das abgebildete Symbol ohne Buchstaben, das vierte Packstück enthält das abgebildete Symbol mit dem Buchstaben Y. Erklären Sie den Inhalt und den Beförderungsweg dieser Packstücke.

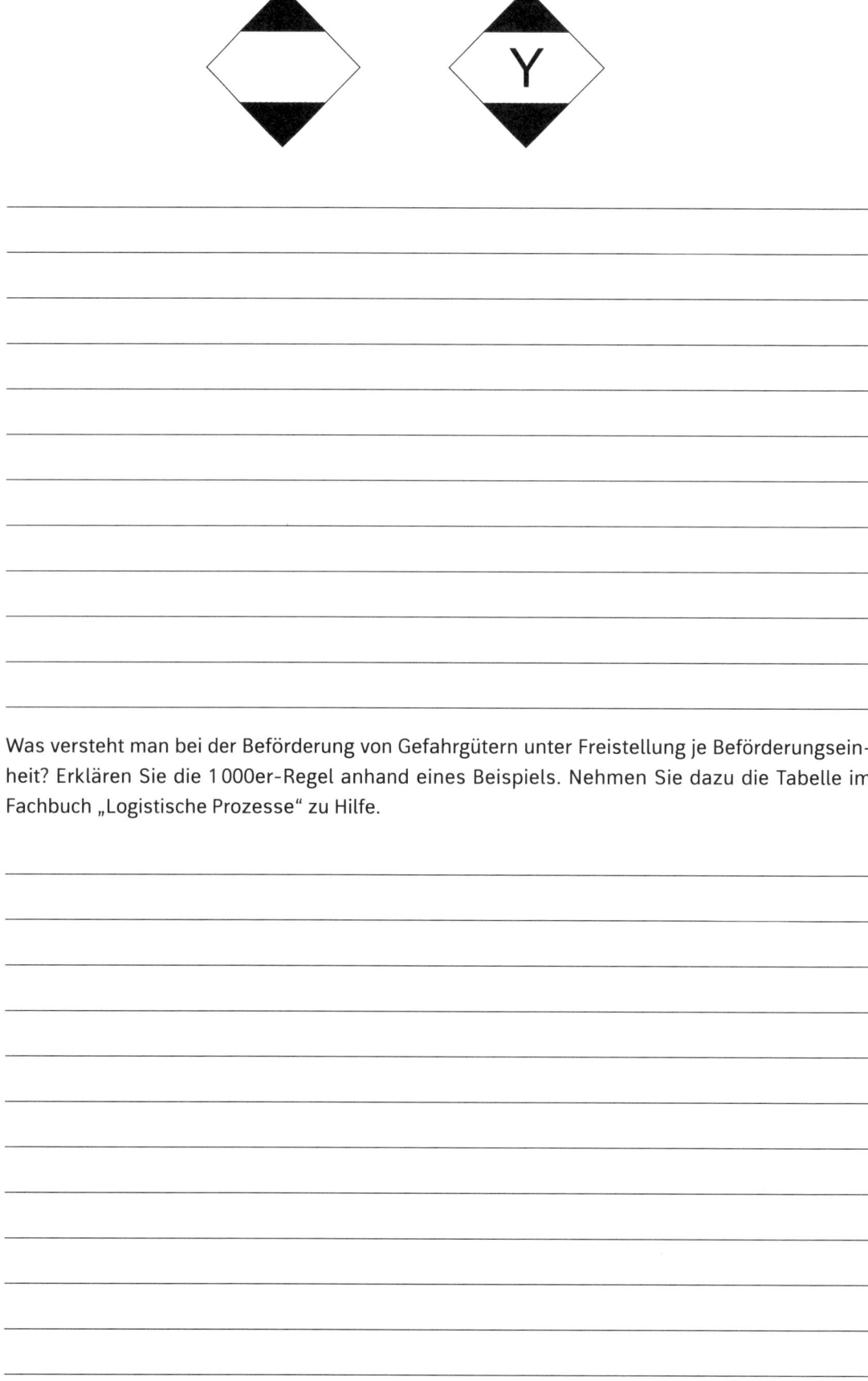

_____

_____

_____

_____

_____

_____

_____

_____

_____

_____

_____

d) Was versteht man bei der Beförderung von Gefahrgütern unter Freistellung je Beförderungseinheit? Erklären Sie die 1 000er-Regel anhand eines Beispiels. Nehmen Sie dazu die Tabelle im Fachbuch „Logistische Prozesse" zu Hilfe.

_____

_____

_____

_____

_____

_____

_____

_____

_____

_____

_____

Praktische Übung

Übung 1:   Einen Lkw beladen und die Ladung sichern

Sie sind im Warenausgang Ihrer Firma beschäftigt und erhalten den Auftrag, eine bereits in einer Holzkiste verpackte Maschine auf den abgebildeten Lastwagen zu verladen und mit Festlege-/ Kanthölzern gegen Verrutschen zu sichern. Die Kiste ist 3,00 m lang, 2,00 m breit und 2,50 m hoch. Sie wiegt 6 000 kg und hat einen mittigen Schwerpunkt.

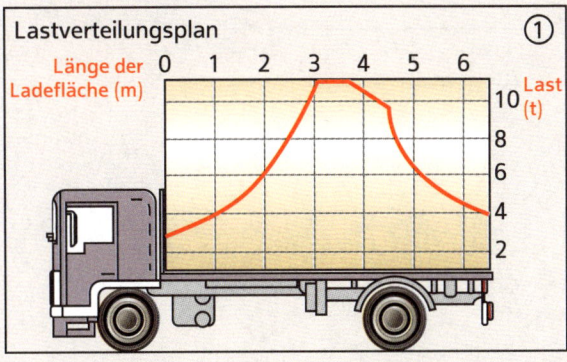

Aufgaben

1. Welchen Kräften ist die Ladung während des Transports ausgesetzt?

_____

_____

_____

_____

2. Begründen Sie, warum eine formschlüssige Beladung an der Stirnseite der Ladefläche nicht möglich ist.

_____

_____

_____

3. Zeichnen Sie den optimalen Stellplatz der Kiste sowie die Position der Festlege-/Kanthölzer auf der abgebildeten Ladefläche ein (Abbildung Draufsicht).

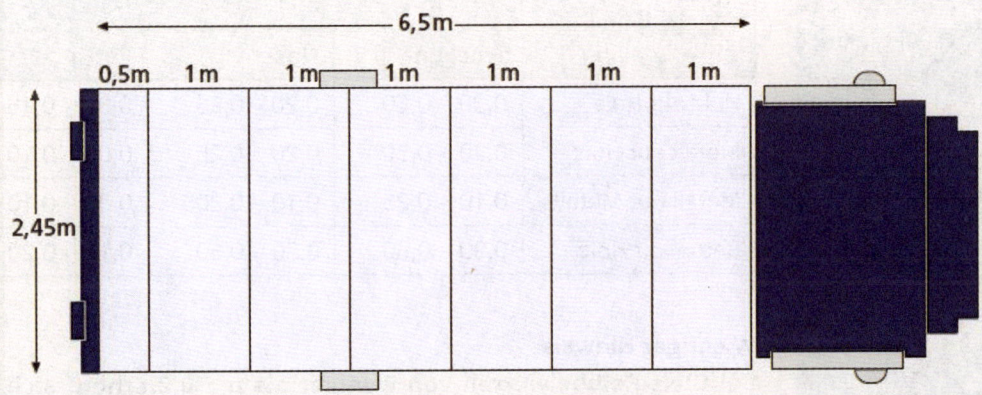

4. a) Für den Transport einer weiteren Kiste mit gleichen Maßen und Gewicht stellt Ihnen die Spedition einen Lkw mit Metallboden zur Beladung bereit. Die Sicherung mit Festlege-/Kanthölzern ist damit ausgeschlossen. Nennen Sie Möglichkeiten, wie in diesem Falle die Ladung gesichert werden kann. Stellen Sie diese Möglichkeit auch zeichnerisch dar.

Zeichnungen dazu:　　　　　　　　　　　　Zeichnungen dazu:

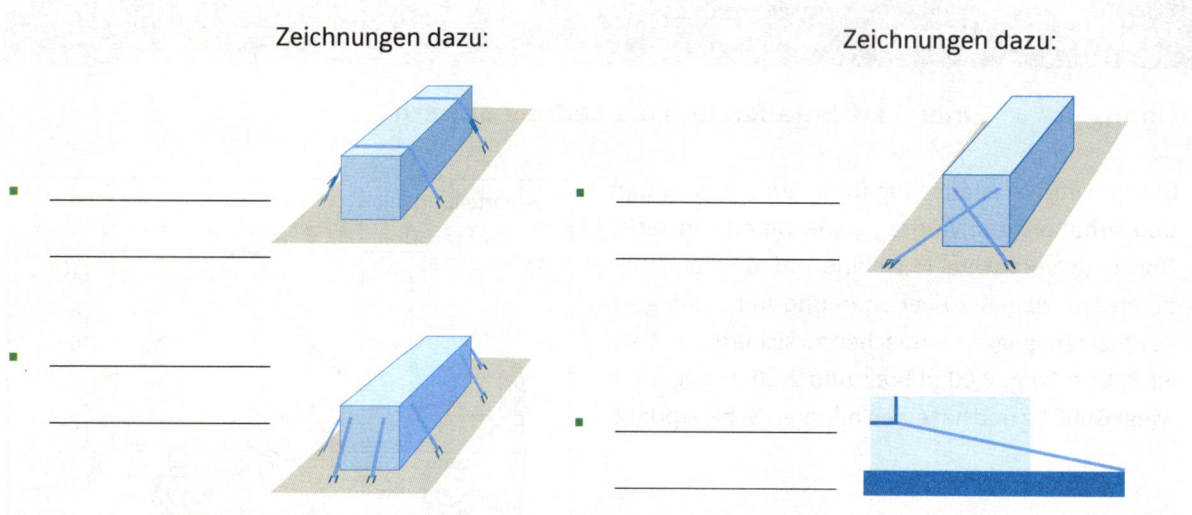

- _____

　_____

- _____

　_____

- _____

　_____

- _____

　_____

b) Welche Einrichtungen zur Ladungssicherung sollten sich auf den Ladeflächen bzw. am Fahrzeugaufbau befinden, damit eine Befestigung der Zurrmittel möglich ist?

_____

_____

5. a) Sie entscheiden sich bei der Ladungssicherung in Aufgabe 4 für das Niederzurren und haben
Zurrmittel mit der abgebildeten Kennzeichnung zur Verfügung. Bei der Ermittlung des zutreffen-
den Reibbeiwertes μ wird eine trockene Ladefläche zugrunde gelegt. Sicherheitshalber soll der
niedrigste aufgeführte Reibbeiwert μ für diesen Zustand verwendet werden. Der Zurrwinkel α
liegt bei 90°. Ermitteln Sie aus **den abgebildeten Tabellen**, wie viel Zurrgurte notwendig sind,
um die Kiste zu sichern.

_____

_____

_____

Beispiel Kennzeichnung

S_{HF} = Normale Handkraft = 50 daN

S_{TF} = Normale Vorspannkraft

S_{TF} = 0,10 LC

LC 2500 daN

S_{HF} = 50 daN

S_{TF} = 250 daN

EN 12195-2

Werkstoff: PES

Herstelljahr 2014

MUSTERMANN

VDI 2701

DD / AV-Nr.: xxxxx　GS

LC　　2500　　daN

LC　　5000　　daN

Nicht heben, nur zurren!
Dehnung < 5 %

Tabelle 1: Gleit-Reibbeiwerte μ

Material-kombination	Zustand		
	Trocken	**Nass**	**Fettig**
Holz auf Holz	0,20 – 0,50	0,20 – 0,25	0,05 – 0,15
Metall auf Holz	0,20 – 0,50	0,20 – 0,25	0,02 – 0,10
Metall auf Metall	0,10 – 0,25	0,10 – 0,20	0,01 – 0,10
Beton auf Holz	0,30 – 0,60	0,30 – 0,50	0,10 – 0,20

Wichtiger Hinweis:

**Bei Gleit-Reibbeiwerten von weniger als μ = 0,2 erhöht sich die
Anzahl der erforderlichen Zurrgurte extrem.**

Tabelle 2: Einfachmethode Niederzurren (Anzahl der erforderlichen Zurrgurte)

Gewicht der Ladung		1 t			2 t			3 t			4 t			6 t		
		Zurrwinkel α														
Vorspann-kraft	Reib-bei-wert μ	35	60	90	35	60	90	35	60	90	35	60	90	35	60	90
250 daN	0,2	10	7	6	20	14	12	31	21	18	41	28	24	62	42	36
	0,3	6	4	3	12	8	7	17	12	10	23	15	13	35	23	20
	0,6	2	2	2	2	2	2	3	2	2	5	3	3	7	5	4
500 daN	0,2	5	4	3	10	8	6	16	11	9	21	14	12	32	21	18
	0,3	3	2	2	6	4	3	9	6	5	12	8	7	17	12	10
	0,6	2	2	2	2	2	2	2	2	2	2	2	2	3	2	2
750 daN	0,2	3	2	2	7	5	4	10	7	6	14	9	8	20	14	12
	0,3	2	2	2	4	3	2	6	4	3	8	5	4	12	8	7
	0,6	2	2	2	2	2	2	2	2	2	2	2	2	2	2	2

b) Die ermittelte erforderliche Zahl an Zurrgurten ist praktisch nicht sinnvoll.
Durch welche Maßnahme können Sie die Zahl der Zurrgurte auf vier (Reibbeiwert μ = 0,6) vermindern?

_____

_____

c) Warum sollten Sie zur Ladungssicherung vor jeder Beladung die Ladefläche, z. B. mit einem Besen, reinigen?

_____

_____

6. Die Holzkiste wird mit einem Kran auf den Lkw geladen.
a) Welche Ketten-Nenndicke in mm ist bei vier Kettensträngen und einem Neigungswinkel β von 50° erforderlich? Verwenden Sie dazu die Tragfähigkeitstabelle im Lehrbuch Logistische Prozesse, Lernfeld „Güter im Betrieb transportieren".

_____

b) Nennen Sie vier Verhaltensweisen, die beim Einsatz von Kranen zu beachten sind.

_____

_____

_____

_____

_____

Praktische Übung

Übung 2:   Einen Lkw nach Tourenplan beladen

Situation

Sie sind als Fachkraft für Lagerlogistik im Bereich Warenausgang eines Handelsunternehmens in Frankfurt/Main tätig. Es ist Ihre Aufgabe, einen Lkw mit den auf der Verladerampe bereitstehenden Packstücken zu beladen. Es steht Ihnen ein Lkw mit 17 Stellplätzen für Europaletten zur Verfügung, der bauartbedingt nur von hinten be- und entladen werden kann.

Arbeitsauftrag

1. Erstellen Sie anhand der auf der Seite 206 abgebildeten Landkarte einen Tourenplan.

2. Entwickeln Sie aus dem Tourenplan den Beladeplan.
   Tragen Sie die Buchstaben der Kunden in die Palettenplätze des Lkw ein.

Laufende Nummer	Tourenplan Ort
1	_____
2	_____
3	_____
4	_____
5	_____
6	_____

Verladeliste

Emp-fänger	Lieferort	Anzahl Europa-letten	Bruttoge-wicht pro Palette	Brutto-gewicht gesamt
Kunde A	Bamberg	4	900 kg	3 600 kg
Kunde B	Hof	2	500 kg	1 000 kg
Kunde C	Frankfurt	1	700 kg	700 kg
Kunde D	Würzburg	3	800 kg	2 400 kg
Kunde E	Eisenach	3	300 kg	900 kg
Kunde F	Heidelberg	4	200 kg	800 kg

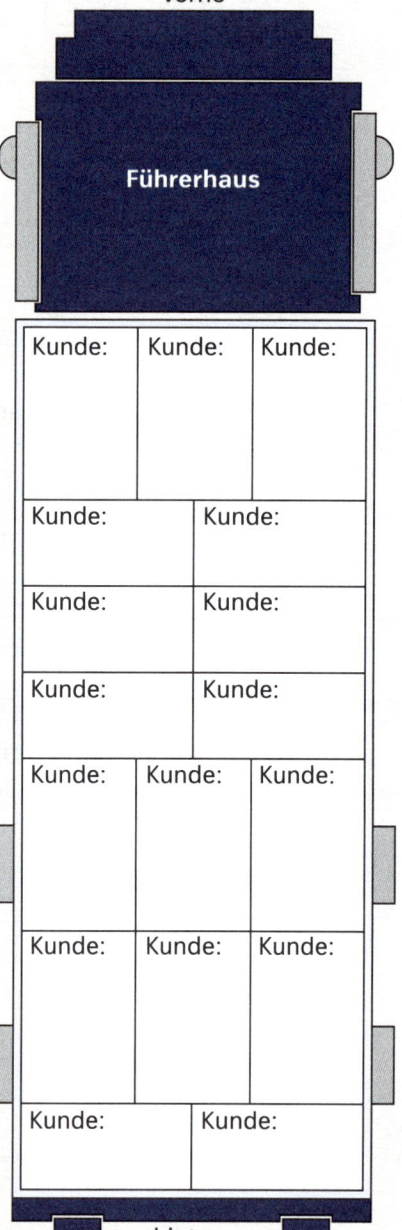

3. Die Ladung wird lückenlos auf dem Lkw verstaut. Die Lastverteilung nach dem Lastschwerpunktdiagramm ist gewährleistet. Die Ladungssicherung soll durch die Ladebordwände erfolgen. Der Lkw hat eine Nutzlast von 10 t. Der Gleitreibbeiwert zwischen Ladefläche und Ladung beträgt $\mu = 0{,}3$.

a) Welche Art der Ladungssicherung kommt in diesem Fall zur Anwendung?

_____

_____

b) Überprüfen Sie rechnerisch, ob die Sicherung der Ladung nach vorn durch die Stirnwand der Ladefläche ausreichend ist. Nehmen Sie dazu alle notwendigen Eintragungen in der abgebildeten Übersicht vor.

Nutzlast des Fahrzeugs in kg	
Tatsächliches Ladungsgewicht in kg	
Gleitreibbeiwert μ Ladefläche/Ladung	

Berechnung der im Lkw wirksamen Kräfte

	Berechnung	Ergebnis
Gewichtskraft der Ladung F_G in daN $F_G = m \cdot g \qquad (g = 10)$		
nach vorn zu sichernde Kraft F_M in daN **$F_M = 0{,}8 \cdot F_G$**		
abzüglich der Reibungskraft F_R in daN $F_R = \mu \cdot F_G$		
abzüglich der Sicherungskraft F durch die Stirnwand (40 % der Nutzlast, aber maximal 5000 daN) in daN		
noch zu sichernde Kraft F_S **(Differenzkraft)**		

c) Werten Sie Ihr Ergebnis aus. Begründen Sie, ob eine zusätzliche Ladungssicherung nach vorn erforderlich ist.

_____

_____

_____

_____

_____

_____

_____

_____

_____

Lernfeld 9:
Güter versenden

Arbeitsblatt 1: Der Güterverkehr in der Wirtschaft

1. Unterscheiden Sie die Begriffe „Verkehrsmittel" und „Verkehrsträger".

_____

_____

_____

_____

_____

_____

_____

_____

_____

_____

_____

2. Vergleichen Sie das Verkehrsaufkommen der verschiedenen Verkehrsträger in der Bundesrepublik Deutschland auf Grundlage der vorgegebenen Zahlenwerte.

    a) Berechnen Sie die prozentualen Anteile der einzelnen Verkehrsträger am Gesamtverkehrsaufkommen der einzelnen Jahre. Geben Sie die Prozentsätze mit zwei Stellen nach dem Komma an. Vervollständigen Sie dazu die folgende Übersicht:

    Verkehrsaufkommen in der Bundesrepublik Deutschland: beförderte Tonnen in Millionen

Jahr / Verkehrsträger	1970 Mio. Tonnen	1970 in %	1980 Mio. Tonnen	1980 in %	1992 Mio. Tonnen	1992 in %	2004 Mio. Tonnen	2004 in %	2016 Mio. Tonnen	2016 in %
Eisenbahnverkehr	378,0		350,1		351,9		310,3		363,5	
Binnenschifffahrt	240,0		241,1		229,9		235,9		221,3	
Seeschifffahrt	131,9		154,3		178,1		268,2		292,1	
Luftverkehr	0,3869		0,7103		1,2		2,7		4,55	
Straßengüterverkehr	2136,9		2553,2		3644,1		2767,2		3561	
gesamt		~100		~100		~100		~100		~100

b) Vergleichen Sie die Entwicklung der Verkehrsträger Eisenbahn und Lkw-Güterverkehr und begründen Sie diese Entwicklung.

_____

_____

_____

_____

_____

_____

_____

_____

_____

_____

_____

_____

_____

_____

_____

_____

c) Warum unterscheiden sich die Zahlenwerte der Abbildung „Deutschland mobil" im Lehrbuch, Lernfeld 9, Kapitel 1 „Der Güterverkehr in der Wirtschaft" von den Zahlenwerten der oberen Tabelle?

_____

_____

_____

_____

_____

_____

3. Eine günstige Transportmöglichkeit, die die Vorzüge der einzelnen Transportverkehrsträger miteinander vereint, ist der multimodale Verkehr.

a) Was versteht man unter multimodalem Verkehr?

_____

_____

_____

b) Nennen Sie Verkehrsmittel, die im multimodalen Verkehr häufig sinnvoll miteinander kombiniert werden.

_____

_____

_____

_____

_____

c) Welcher Transportbehälter ist für den multimodalen Transport am besten geeignet?

_____

Arbeitsblatt 2: Frachtgeschäft

1. In welchen Bereichen des Güterverkehrs werden die handelsgesetzlichen Vorschriften über den Frachtvertrag angewendet?

_____

_____

_____

2. Welche Personen sind am Frachtvertrag beteiligt? Ergänzen Sie das folgende Schaubild.

Frachtvertrag

↔ zweiseitiger Vertrag

→ einseitige Leistungsbeziehung

Beteiligte am Frachtgeschäft

3. Das Frachtgeschäft ist ein zweiseitiges Rechtsgeschäft zugunsten eines Dritten. Erklären Sie diese Aussage.

_____

_____

_____

_____

_____

_____

4. Welche Beweiskraft hat der Frachtbrief nach § 409 HGB?

_____

_____

_____

_____

_____

_____

_____

_____

_____

_____

_____

_____

_____

_____

_____

_____

5. Ergänzen Sie den folgenden Text zur **Schadensregulierung** aus einem Frachtgeschäft anhand der §§ 429, 431, 438 und 439.

Schadenersatz: Ersetzt wird höchstens _____ zur

_____ zur Beförderung.

Der Haftungshöchstbetrag ist auf _____ je

_____ begrenzt.

Die Haftung des Frachtführers bei **Verspätungsschaden** ist auf _____

_____ beschränkt.

Die **Schadensanzeige** muss innerhalb einer bestimmten Frist an den Frachtführer erfolgen:

Leistungsstörung	Meldefrist
äußerlich erkennbare Schäden	
äußerlich nicht erkennbare Schäden	
Lieferfristüberschreitung	

Ansprüche aus der Beförderung **verjähren** _____ nach Ablieferungstag.

6. Vervollständigen Sie mithilfe des Lehrbuches die folgende Übersicht zu den rechtlichen Grundlagen des **Frachtgeschäftes** nach dem HGB.

Vertrags-partner	§ 407 Frachtführer	§ 407 Absender
Haupt-pflichten	§ 407 _____ _____	§ 407 _____ _____
Neben-pflichten	§ 412 _____	§ 408 _____
	§ 413 _____ _____ _____	§ 410 _____ _____ _____
	§ 418 _____	§ 411 _____
	§ 422 _____ _____ _____ _____ _____	§ 412 _____ _____ _____ _____ _____
	§ 423 _____	§ 413 _____
Haftung	§ 425 _____ _____ _____ _____ _____ _____ _____ _____ _____ _____ _____	§ 414 _____ _____ _____ _____ _____ _____ _____ _____ _____ _____ _____

Arbeitsblatt 3: Beförderung von Umzugsgut

1. Welche zusätzlichen Pflichten hat der Frachtführer bei einem Frachtvertrag über Umzugsgut (nach § 451 HGB) zu erfüllen?

_____

_____

_____

_____

_____

_____

2. Innerhalb welcher Frist muss der Absender seine Schadensanzeige wegen Verlust oder Beschädigung von Umzugsgut vornehmen?

_____

_____

_____

_____

_____

Situationsaufgabe:

3. Familie Klein will ihren Wohnsitz von Köln nach Dresden verlegen. Sie schließt mit der Firma Logo-Transport- und Umzugs GmbH einen Umzugsvertrag ab. Frau Klein verpackt vorsorglich ihr neues Tafelgeschirr selbst und verstaut es in einem Wäschekorb. Zum Schutz legt sie noch einige Tischtücher obenauf. Herr Klein stellt den gefüllten Korb zum Verladen neben den Lkw. In Dresden angekommen, übernimmt Frau Klein das Auspacken ihres guten Geschirrs persönlich. Doch leider muss sie feststellen, dass der Henkel ihrer neuen Kaffeekanne abgebrochen ist und zwei Tassen einen Sprung haben. Herr Klein tröstet seine Frau mit den Worten: „Den Schaden muss die Logo-Transport- und Umzugs GmbH ersetzen."

   a) Innerhalb welcher Frist sollte Familie Klein den entstandenen Schaden dem Frachtführer anzeigen?

   _____

   b) Inwieweit haftet die Logo-Transport- und Umzugs GmbH für den entstandenen Schaden?

   _____

   _____

   _____

   _____

Arbeitsblatt 4:   Speditionsvertrag

1. Welche Personen sind am Speditionsvertrag beteiligt? Ergänzen Sie die folgende Darstellung.

Speditionsvertrag

z. B. Kaufvertrag

Frachtvertrag

2. Der Spediteur hat die Pflicht, die Versendung zu besorgen, d. h. die Beförderung zu organisieren. Welche grundlegenden Aufgaben hat er dabei zu erfüllen?

a) _____

    _____

b) _____

    _____

    _____

    _____

c) _____

    _____

3. Nach dem HGB hat der Spediteur das Recht, Transporte selbst durchzuführen. Spediteur und Frachtführer ist ein und dieselbe Person. Wie bezeichnet man diesen Fall?

    _____

4. Welche Pflichten geht der **Versender** mit Unterzeichnung des Speditionsvertrages ein? Ergänzen Sie die Übersicht.

Hauptpflicht	§ 453 § 456	_____ _____
Nebenpflicht	§ 455	_____ _____ _____ _____ _____

5. Der Versender haftet gegenüber dem Spediteur verschuldensunabhängig für Schäden, die verursacht werden durch:

_____

_____

_____

_____

_____

6. Wann verjähren Ansprüche aus dem Speditionsvertrag?

_____

_____

_____

_____

Arbeitsblatt 5:   Grundlagen für den Güterkraftverkehr

1. In welche Straßen ist das öffentliche Straßennetz in Deutschland aufgeteilt?

_____

2. Vergleichen Sie den Transport von Gütern auf der Straße und der Schiene.

a) Welche Vorteile hat der Güterverkehr auf der Straße?

_____

_____

_____

_____

b) Welche Nachteile hat der Güterverkehr auf der Straße?

_____

_____

_____

_____

3. Welche Maße und Gewichte dürfen nach der Straßenverkehrs-Zulassungs-Ordnung nicht überschritten werden?

a) beim Einzelfahrzeug _____

b) beim Gliederzug _____

c) beim Sattelfahrzeug _____

4. Woraus setzt sich das Gesamtgewicht eines Fahrzeugs zusammen?

_____

5. In welche zwei Arten unterteilt sich nach dem Güterkraftverkehrsgesetz der Güterkraftverkehr?

_____

6. Wann liegt kein Güterkraftverkehr im Sinne des Güterkraftverkehrsgesetzes vor? Nennen Sie zwei Beispiele.

_____

_____

7. Welche Voraussetzungen muss ein Unternehmen nach dem Güterkraftverkehrsgesetz erfüllen, damit ein Werkverkehr vorliegt?

_____

_____

8. Welcher Güterkraftverkehr ist
   a) erlaubnisfrei,
   b) erlaubnispflichtig?

   a) _____

   b) _____

9. Wer erteilt die Erlaubnis?

_____

10. Welche Voraussetzungen müssen erfüllt sein, damit einem **neuen** Transportunternehmen die Erlaubnis erteilt wird?

_____

_____

_____

_____

11. Wie viele Erlaubnisausfertigungen erhält ein Transportunternehmen?

_____

12. Ein deutscher Güterkraftverkehrsunternehmer möchte Güter auch grenzüberschreitend befördern.

   a) In welchen Ländern darf er Güter mit der Gemeinschaftslizenz befördern?

_____

_____

b) In welchen Ländern darf er Güter mit der CEMT-Genehmigung befördern?

_____

_____

c) Wie lange gelten diese Erlaubnisse?

_____

_____

d) Suchen Sie alle Länder aus a) und b) auf einer Landkarte.

13. Was bedeutet „Freigabe des Kabotageverkehrs"?

_____

_____

14. Unter welchen Voraussetzungen kann einem Transportunternehmen die Erlaubnis entzogen werden?

_____

_____

15. Welche Unterlagen hat der Fahrer auf der Fahrt mitzuführen?

_____

_____

_____

_____

16. Wie ist der Güterkraftverkehr versicherungsmäßig im Inland geregelt?

_____

17. Die Arbeitszeiten im Güterverkehr sind international geregelt.

a) Warum werden diese Fahrpersonalvorschriften im Güterverkehr erlassen?

_____

_____

b) Wie viele Stunden darf die tägliche Lenkzeit maximal betragen?

_____

_____

c) Wie viele Stunden muss die tägliche Ruhezeit mindestens betragen?

_____

_____

d) Wodurch kann die Einhaltung dieser Zeiten überwacht werden?

_____

18. Im Güterkraftverkehr werden moderne Informations- und Kommunikationssysteme (IuK-Systeme) verstärkt eingesetzt.

a) Erklären Sie anhand von Beispielen den Unterschied zwischen unternehmensexternen und unternehmensinternen IuK-Systemen.

_____

_____

_____

_____

_____

b) Erklären Sie den Unterschied zwischen erdgestützten und satellitengestützten Informations-übermittlungssystemen.

_____

_____

c) Nennen Sie ein Beispiel für ein Fahrerassistenzsystem. Welche Vorteile bieten Fahrerassistenz-systeme?

_____

_____

d) Warum gehört der Bordcomputer zu den unternehmensinternen IuK-Systemen?

_____

_____

19. Wie heißt die Bundesbehörde, die den Güterkraftverkehr überwacht?

_____

20. Welche Prüfungen kann diese Behörde durchführen? Nennen Sie fünf Prüfungen.

_____

_____

_____

_____

21. Wo darf die Behörde diese Prüfungen durchführen?

_____

22. Welche Möglichkeiten hat die Behörde beim Vorliegen einer Ordnungswidrigkeit?

_____

_____

_____

23. Das Bundesamt für Güterverkehr beobachtet und begutachtet die Entwicklung des Güterverkehrs. Dazu führt sie drei wichtige Dateien. Um welche Dateien handelt es sich?

_____

_____

_____

_____

_____

_____

24. Die Ausstellung eines Frachtbriefs als Begleitpapier im Güterkraftverkehr ist zwar üblich, aber nicht vorgeschrieben.

a) Welche anderen Begleitpapiere kennen Sie aus der Praxis?

_____

_____

b) Wer erhält je eine Ausfertigung des Originalfrachtbriefs?

_____

_____

c) Was wird durch den vom Absender und Frachtführer unterschriebenen Frachtbrief bewiesen?

_____

_____

_____

_____

_____

_____

d) Was ist anzunehmen, wenn im Frachtbrief vom Frachtführer keine Vorbehalte eingetragen sind?

_____

_____

_____

Arbeitsblatt 6:   Frachtpost

1. Wofür steht der Name DHL?

    _____

    _____

    _____

    _____

2. Familie Fröhlich aus Berlin beabsichtigt in den Urlaub zu fahren und gibt heute einige Sendungen bei DHL zum Versand auf. Entscheiden Sie, welche Sendungsart für die Sendung a–d geeignet ist.

a) Reisekoffer für den Urlaub an die Nordsee (25 kg; 1 m × 0,60 m × 0,40 m)	_____
b) Bücherregal, zerlegt und verpackt für den Sohn, der in München studiert (95 kg; 3,20 m × 1 m × 0,40 m)	_____
c) Konserven, Kosmetik, Jeans und Stiefel für die Tochter, die in Hamburg eine Ausbildung macht (15 kg; 0,60 m × 0,40 m × 0,40 m)	_____
d) Geschenkpackung Süßwaren für die Freundin in Kassel (1,5 kg; 0,40 m × 0,30 m × 0,15 m)	_____

3. Frachtpostsendungen erhalten computerlesbare Barcodes, die alle für die Beförderung notwendigen Informationen enthalten. Wie heißen die beiden Barcodes und welche Informationen enthalten sie?

    _____

    _____

    _____

    _____

    _____

    _____

4. Mithilfe dieser Barcodes ist eine computerunterstützte Paketverfolgung möglich.

    a) Welchen Vorteil hat dies?

        _____

        _____

        _____

    b) Welchen englischen Begriff für Paketverfolgung kennen Sie?

        _____

    c) Was bedeutet dies wörtlich übersetzt in deutscher Sprache?

        _____

5. Tragen Sie die Daten ein. Informieren Sie sich dafür in der Broschüre „Leistungen und Preise" der Deutschen Post AG/DHL oder im Internet.

	Höchstmaße	Höchstgewicht	Haftung	Freimachung vorgeschrieben	Rollenform möglich
Päckchen					
Pluspäckchen (Verpackung + Porto)					
Paket					
e-Paket					

6. Welche Serviceleistungen werden dem Postkunden gegen Zahlung eines Entgelts geboten?

a) Service Sicher:

_____

b) Service Inkasso:

_____

c) sonstiger Service:

_____

7. Die Deutsche Post AG/DHL versendet auch sperrige Sendungen.

a) Welche Sendungen gelten als sperrig?

_____

_____

_____

_____

_____

b) Welche sperrigen Pakete werden von der Deutschen Post AG/DHL nicht mehr befördert?

_____

_____

_____

_____

c) Ein Paket hat folgende Maße: Länge 180 cm, Breite 110 cm, Höhe 75 cm. Ermitteln und entscheiden Sie, ob die Deutsche Post AG/DHL dieses Paket befördert.

_____

_____

8. Welche Sendungen sind durch die Deutsche Post AG/DHL von der Beförderung ausgeschlossen?

_____

_____

_____

_____

_____

_____

_____

_____

9. Versandhäuser versenden kostengünstig Kataloge an viele Kunden.

a) Welche Sendungsart ist dafür geeignet?

_____

b) Welche Vorraussetzungen müssen Infopost-Sendungen erfüllen?

_____

_____

_____

_____

Arbeitsblatt 7:   Bedeutung der KEP-Dienste

1. Was bedeutet die Abkürzung KEP-Dienste?

_____

2. Worin unterscheiden sich die verschiedenen KEP-Dienste? Ordnen Sie den nachfolgenden Erklärungen die entsprechenden Dienste zu.
Dienste:
a) Kurierdienst
b) Expressdienst
c) Paketdienst

Erklärungen:

(1) Sie übernehmen die Sendung vom Auftraggeber und befördern Sie persönlich und direkt zum vorgegebenen Empfänger. ☐

(2) Sie sind häufig in Städten mit Fahrrädern oder Mopeds im Einsatz, um eine schnelle Zustellung zugewährleisten. ☐

(3) Sie befördern eine Sendung vom Auftraggeber zum Empfänger nicht direkt und persönlich, sondern über Umschlagszentren. In den meisten Fällen erfolgen die Beförderungen als Sammeltransporte (zwei Dienste). ☐ ☐

(4) Sie befördern zwar nicht direkt und persönlich zum Empfänger, garantieren aber einen festen Auslieferungstermin an den Empfänger. ☐

(5) Sie garantieren zwar keinen festen Auslieferungstermin, doch erfolgt die Auslieferung an den Empfänger i. d. R. innerhalb einer angemessenen Lieferzeit. ☐

3. a) Zählen Sie die verschiedenen KEP-Dienste auf, mit denen Ihr Ausbildungsbetrieb zusammenarbeitet.

_____

_____

_____

b) Welche weiteren KEP-Dienste kennen Sie?

_____

_____

_____

c) Was verstehen Sie unter den Begriffen „B2B" und „B2C"?

_____

_____

_____

4. Welche Vorteile bieten KEP-Dienste?

_____

_____

_____

_____

_____

_____

_____

_____

_____

5. Begründen Sie, warum KEP-Dienste Gurtmaße festlegen.

_____

_____

_____

_____

_____

6. Überprüfen Sie anhand nachfolgender Kriterien, ob eine Versendung möglich ist.
Der KEP-Dienstleister „zügig" hat u. a. nachfolgende Geschäftsbedingungen:

Maximale Gewichtsobergrenze je Paket	34 kg
Maximales Gurtmaß	400 cm
Maximale Länge je Paket	165 cm

a) Überprüfen Sie, ob die Versendung der Paketvarianten A, B, C und D anhand der Geschäftsbedingungen der „zügig" möglich ist.

b) Ergänzen Sie hierzu in der Tabelle 1 die Spalten F, G und H in den grau unterlegten Zellen für das Gurtmaß, das Gewicht und der max. Länge sachgerecht.

c) Markieren Sie das Ergebnis ihrer Prüfung mit einem Kreuz bei ja oder nein in den grau unterlegten Feldern der Spalten I oder J der Tabelle.

d) Begründen Sie ein mögliches „Nein" in der Spalte K.

	A	B	C	D	E	F	G	H	I	J	K
1	Paket	Länge in cm	Brei-te in cm	Höhe in cm	Ge-wicht in kg	Prüfung von Gurtmaß/Gewicht/Länge					Begrün-dung für ein mög-liches Nein
2						Gurt-maß	Gewicht	Länge	Ja	Nein	
3	A	90	80	80	33,5						
4	B	150	50	50	32,5						
5	C	110	70	22	34,6						
6	D	170	28	22	25,5						

7. Bringen Sie die nachfolgenden Arbeitsschritte bei einem KEP-Dienst in die richtige Reihenfolge, indem Sie in die Kästchen die Ziffern 1 bis 9 eintragen. Beachten Sie dabei folgende Abbildung.

Auftraggeber → Quelldepot → HUB → Zieldepot → Empfänger

Verwaltungsmäßige und körperliche Kontrolle der Sendung im Quelldepot ☐

Zustellung der Sendung vom Zieldepot durch Subunternehmer an den Kunden ☐

Weiterleitung der Sendung vom HUB zum Zieldepot ☐

Zuordnung des Kundenauftrags an den Fahrer, der die Sendung beim Auftraggeber abholen soll ☐

Entladung der Sendung im HUB in Boxen je nach Zieldepot ☐

Abholung der Sendung beim Auftraggeber und Transport zum Quelldepot ☐

Anmeldung der Sendung durch den Auftraggeber beim Quelldepot ☐

Kontrolle, ob die Sendung laufzeitgerecht und mängelfrei zugestellt wurde ☐

Weiterleitung der Sendung vom Quelldepot zu einem HUB (Hauptumschlagsplatz) ☐

8. Die KEP-Dienste sind Logistikdienstleister für den E-Commerce-Handel.

   a) Was verstehen Sie unter E-Commerce?

   _____

   b) Welche Aufgaben übernehmen die KEP-Dienste im Rahmen von E-Commerce?

   _____

   _____

   c) Welche Zahlungsmöglichkeiten gibt es beim Kauf per Internet? Welcher Zahlungsart gehört die Zukunft? Begründen Sie Ihre Aussage.

   _____

   _____

   _____

   _____

   _____

9. KEP-Dienste setzen für die rationelle Abwicklung des Gütertransports moderne Technologien ein. (Informationen zu dieser Aufgabe entnehmen Sie Lernfeld 1 „Güter annehmen und kontrollieren".)

   a) Was bedeutet die Abkürzung RFID?

   _____

   b) Kernstück der RFID-Technologie ist ein Transponder. Aus welchen Wortabkürzungen setzt sich der Begriff Transponder zusammen?

   _____

   c) Woraus besteht ein Transponder?

   _____

   d) Wo wird der Transponder angebracht?

   _____

   _____

e) Welche Aufgaben hat der Transponder als Kommunikationsmittel auf dem Transport und bei der Warenannahme?

_____

_____

_____

_____

_____

f) Welche Vorteile hat der Transponder gegenüber dem Barcode?

_____

_____

Arbeitsblatt 8:   DB Transport und Logistik

1. Welche logistischen Dienstleistungen bietet die Deutsche Bahn Transport und Logistik an? Informieren Sie sich auch im Internet.

- _____
- _____
- _____
- _____
- _____
- _____
- _____
- _____

_____

_____

2. Ordnen Sie die abgebildeten Güterwagen dem Wagentyp zu und ergänzen Sie die Gattungsbuchstaben.

Wagentyp	Gattung	Abbildung	Wagentyp	Gattung	Abbildung
Wagen für Druckluftentladung			Zweiachsiger Flachwagen		
Offene Wagen			Vierachsiger Drehgestellflachwagen		
Gedeckte Wagen			Sechsachsiger Drehgestellflachwagen		

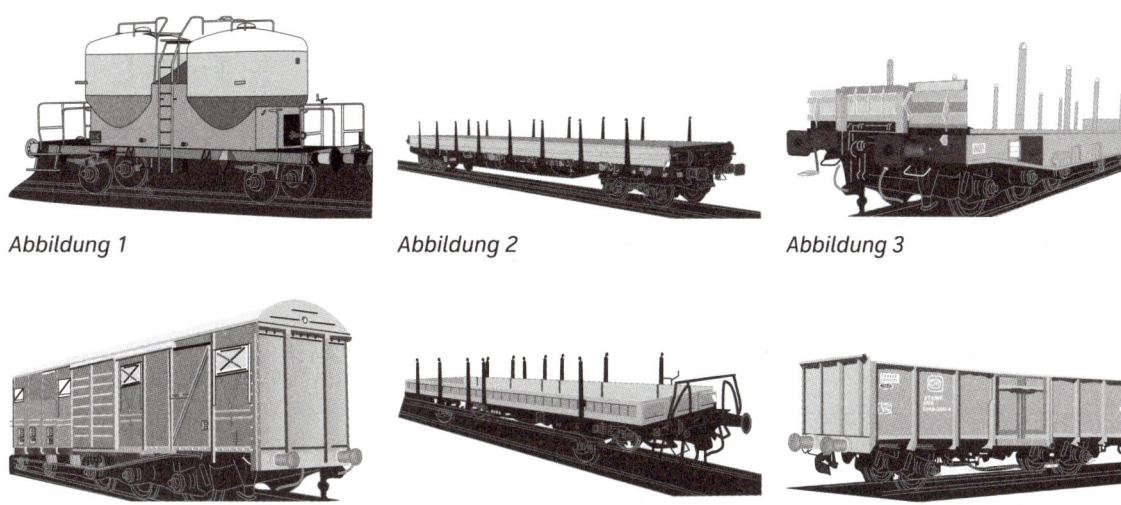

Abbildung 1   Abbildung 2   Abbildung 3

Abbildung 4   Abbildung 5   Abbildung 6

Arbeitsblatt 9:   Wagenladungsverkehr

1. Wer Güter per Wagenladung versenden will, gibt im Kundenservicezentrum Duisburg seine Bestellung auf. Eine Bestellung sollte folgende Angaben enthalten:

_____

_____

_____

_____

_____

_____

_____

_____

2. Vervollständigen Sie den folgenden Lückentext mithilfe des Lehrbuchabschnitts „Wagenladungsverkehr".

Auf Bestellung befördert die Bahn Güterwagen zu _____ des Kunden oder

zu einem öffentlichen _____ .

Der Kunde hat die Wagen selbst zu be- und entladen. Außerdem hat der Kunde bereitgestellte

Wagen vor dem Verladen _____ für den vorgesehenen Verwendungszweck so-

wie auf _____ zu prüfen und die Bahn über Beanstandungen unverzüglich zu

_____ .

Die Bahn holt die Einzelwagen von den Anschlussgleisen oder Güterverkehrsstellen (Freiladegleisen)

ab und transportiert sie zu den nächstgelegenen _____ .

Dort werden die Wagen oder Wagengruppen zu _____ zusammengestellt.

3. Rangierzeiten können verkürzt werden durch:

_____

_____

_____

_____

_____

_____

_____

_____

_____

_____

_____

_____

_____

_____

_____

4. Nennen Sie die Vorteile von Einzelwagentransporten.

_____

_____

_____

_____

_____

_____

_____

_____

_____

_____

_____

_____

_____

_____

Arbeitsblatt 10: Transporte im Schienengüterverkehr vorbereiten

Sie sind Mitarbeiter der Transport- und Logistik GmbH Ökotrans. Ihr Unternehmen will zukünftig Transporte über große Entfernungen auf die Schiene verlegen. Sie werden beauftragt, sich über die Allgemeinen Leistungsbedingungen der DB Cargo AG (ALB) zu informieren und dazu folgende Fragen zu beantworten.

1. In welcher Form können Sie den Transportauftrag erteilen? An wen wenden Sie sich?

   _____

   _____

   _____

   _____

   _____

   _____

   _____

   _____

   _____

   _____

   _____

2. In welchem Zeitfenster müssen Sie Transportaufträge erteilen?

   _____

   _____

   _____

3. Wofür ist der Kunde gegenüber DB Cargo verantwortlich?

   a) vor der Verladung:

   _____

   _____

   _____

   _____

   _____

Auszug aus den Allgemeinen Leistungsbedingungen der DB Cargo AG

[...] **2 Transportaufträge**

2.1 Der Kunde hat bei Erteilung des Transportauftrags die nach § 408 HGB erforderlichen Angaben zu machen und haftet für ihre Richtigkeit und Vollständigkeit entsprechend § 414 HGB auch ohne die Ausstellung eines Frachtbriefs.

2.2 Der Kunde hat zudem im Transportauftrag den Zeitpunkt, ab dem die Übernahme der Wagen durch DB Cargo möglich ist (Bereitstellungszeitpunkt Versand/BZV), anzugeben. Der für das Erreichen eines Abfahrtszeitpunktes spätest mögliche BZV wird durch DB Cargo festgelegt und dem Kunden übermittelt. [...]

2.3 Soweit nicht anders vereinbart, sind Transportaufträge ausschließlich an den Kundenservice von DB Cargo zu richten. [...] Transportaufträge [...] müssen bis spätestens 1 Stunde vor dem BZV komplettiert werden. Der Buchungszeitraum endet 1 Stunde vor dem geplanten BZV.

2.4 Der Transportauftrag gilt als angenommen, wenn DB Cargo nicht innerhalb einer angemessenen Frist widerspricht. Eine schriftliche Auftragsbestätigung erfolgt nur, wenn dies mit dem Kunden besonders vereinbart ist. Eine Zwischennachricht stellt keine Auftragsbestätigung dar.

2.5 Die auf einem Frachtbrief oder mit einem Transportauftrag aufgelieferten Güter bilden eine Sendung.

2.6 Soweit nichts anderes vereinbart ist, ist vom Kunden ein Frachtbrief nach dem Frachtbriefmuster auszustellen, das unter www.dbcargo.com/alb eingesehen werden kann.

Der Frachtbrief wird von DB Cargo nicht unterschrieben; gedruckte oder gestempelte Namens- oder Firmenangaben gelten nicht als Unterschrift.

3 Leistungserbringung durch Subunternehmer

DB Cargo ist berechtigt, zur Leistungserstellung Subunternehmer einzusetzen.

4 Von DB Cargo gestellte Wagen und Ladeeinheiten (LE)

4.1 Von DB Cargo zu stellende Wagen sind spätestens bis 10 Uhr des Werktags – ausgenommen samstags – vor dem Bedarfstag beim Kundenservice der DB Cargo zu bestellen. Sie werden nach Verfügbarkeit disponiert. Die Bestellungen sollen der aktuellen Aufnahmekapazität der Verladeanlagen entsprechen.

_____

_____

_____

_____

_____

b)   nach dem Bahntransport:

_____

_____

_____

_____

_____

_____

_____

4. Wofür haftet der Kunde?

_____

_____

_____

_____

_____

_____

_____

_____

5. Welche Vorschriften gelten hinsichtlich der Be- und Entladung?

_____

_____

_____

_____

_____

4.2 Der Kunde ist für die korrekte Angabe der benötigten Anzahl und Gattung von Wagen und LE sowie der Destination verantwortlich; für die Bereitstellung von Wagen und LE vor Abschluss eines Frachtvertrages gelten § 412 Abs. 3, § 415 sowie § 417 HGB entsprechend.

4.3 Sofern nicht etwas anderes vereinbart ist, ist DB Cargo berechtigt, die Art der zu stellenden Wagen und Ladeeinheiten, insbesondere auch die Wagengattung, auch wenn diese im Transportauftrag genannt ist, unter Berücksichtigung der Interessen des Kunden den jeweiligen Erfordernissen anzupassen.

4.4 Der Kunde hat Wagen und LE vor Verladung auf ihre Eignung für den vorgesehenen Verwendungszweck sowie auf sichtbare Mängel zu prüfen und DB Cargo über Beanstandungen unverzüglich zu informieren.

4.5 Der Kunde haftet für alle Schäden an Wagen und LE, die durch ihn oder einen von ihm beauftragten Dritten verursacht werden inklusive der Folgekosten für einen erforderlichen Werkstattaufenthalt. Darüber hinaus haftet der Kunde unabhängig von einem Verursachungsbeitrag für alle Schäden an Wagen und LE zwischen dem Zeitpunkt der Bereitstellung beim Kunden, bei einem für ihn tätigen Dritten oder beim Empfänger und der Übernahme der Wagen durch DB Cargo. Der Kunde haftet nicht, wenn der Schaden auf einen Mangel zurückzuführen ist, der bei der Übergabe bereits vorhanden war. Beschädigungen und Unfälle sind unverzüglich und schriftlich an den Kundenservice von DB Cargo zu melden.

4.6 Der Kunde ist dafür verantwortlich, dass entladene Wagen und LE verwendungsfähig, d.h. vollständig geleert, vorschriftsmäßig entseucht und/oder gereinigt sowie komplett mit losen Bestandteilen, ferner fristgerecht am vereinbarten Übergabepunkt oder Terminal zurückgegeben werden. Bei Nichterfüllung erhebt DB Cargo ein Entgelt nach „Preise und Leistungen der DB Cargo AG" für entstandene Aufwendungen. Ein weitergehender Schadensersatzanspruch bleibt hiervon unberührt. [...]

4.8 Der Kunde ist verpflichtet, die von DB Cargo gestellten Wagen und LE ausschließlich zu dem vertraglich vorgesehenen Zweck zu verwenden. [...]

6 Ladevorschriften

6.1 Bei der Verladung und der Entladung sind die Vorgaben der Verladerichtlinien von DB Cargo zu erfüllen. DB Cargo ist berechtigt, Wagen und LE auf betriebssichere Verladung zu überprüfen.

6.2 Verletzt der Kunde seine Verpflichtung aus Ziff. 6.1, besteht eine erhebliche Abweichung zwischen

6. Die Transport- und Logistik GmbH Ökotrans will zukünftig vor allem kombinierten Verkehr (KV) durchführen. Welche Ladeeinheiten werden von der DB Cargo anerkannt?

_____

_____

_____

_____

_____

_____

7. Welche Voraussetzungen gelten für den KV?

_____

_____

_____

_____

_____

_____

_____

_____

_____

_____

_____

vereinbartem und tatsächlichem Ladegut, wird das zulässige Gesamtgewicht überschritten oder durch die Art des Gutes oder der Verladung die Beförderung behindert, ihre sichere Durchführung gefährdet oder liegt ein Verstoß gegen gesetzliche Bestimmungen vor, wird DB Cargo, wenn diese Umstände für DB Cargo erkennbar sind, den Kunden auffordern, innerhalb angemessener Frist Abhilfe zu schaffen. Nach fruchtlosem Fristablauf ist DB Cargo berechtigt, auch die Rechte entsprechend § 415 Abs. 3 Satz 1 HGB geltend zu machen.

6.3 Der Kunde ist verpflichtet, Be- und Entladereste an der Ladestelle einschließlich der Zufahrtswege unverzüglich auf eigene Kosten zu beseitigen. [...]

11 Besondere Bedingungen für den Kombinierten Verkehr (KV)

11.1 Kombinierter Verkehr im Sinne dieser Bestimmungen ist die Beförderung von beladenen oder leeren Ladeeinheiten (LE).

11.2 Als LE in diesem Sinne gelten:

– Großcontainer (Binnencontainer für den europäischen Festlandverkehr und Container für den Überseeverkehr, die nach ISO genormt sind),

– Wechselbehälter (d.h. im Betrieb austauschbare Aufbauten) nach CEN-Normen,

– Sattelanhänger, Lastzüge und Sattelkraftfahrzeuge (letztere beide bei „Rollender Landstraße") nach StVZO.

11.3 Wechselbehälter, Sattelanhänger, Lastzüge und Sattelkraftfahrzeuge (beladen oder leer) werden zur Beförderung nur angenommen, wenn sie kodifiziert sind.

11.4 Der Kunde ist dafür verantwortlich, dass bei beladenen Ladeeinheiten die Verschlusseinrichtungen durch Sicherungsmittel (z.B. Plomben) gesichert werden. [...]

Quelle: DB Cargo AG, Allgemeine Leistungsbedingungen der DB Cargo AG (ALB), Frankfurt am Main, 2018, S. 4 f., veröff. am 01.01.2018 unter: www.dbcargo.com/rail-deutschland-de/hidden_navigation/agb_de-1696160

Arbeitsblatt 11:   Ganzzugverkehre

1. Nennen Sie die wesentlichen Merkmale von Ganzzugverkehren.

_____

_____

_____

_____

2. Welches Ganzzugprodukt ist durch folgende Leistungsmerkmale beschrieben?

	Bestellfrist ca. zwei Monate vor dem ersten Verkehrstag; regelmäßiger Transport großer Mengen auf bestimmten Relationen
	Reservierung von Verkehrstagen und Verkehrszeiten für die gesamte Laufzeit; Bestellfrist in der Vorwoche (Wochenprogramm) oder im Vormonat (Monatsprogramm); Transport großer Mengen auf reservierten Relationen
	Kurzfristige Verfügbarkeit des Ganzzuges für den Kunden; Bestellfrist bis 24 Stunden vor Abfahrt

Arbeitsblatt 12: Kombinierter Verkehr

1. Nur wenige Bahnkunden verfügen über einen eigenen Bahnanschluss. Deshalb werden im Vorlauf und im Nachlauf des Gütertransportes mit der Bahn Lastkraftwagen eingesetzt.

    a)   Welche Vorteile sehen Sie in der Nutzung „kombinierter Verkehre"?

_____

_____

_____

_____

_____

_____

_____

_____

_____

    b)   Tragen Sie in die Abbildung die folgenden Begriffe ein: Transport im Nachtsprung, Lkw-Vorlauf, Lkw-Nachlauf, Container-Terminal (Beladen), Container-Terminal (Entladen).

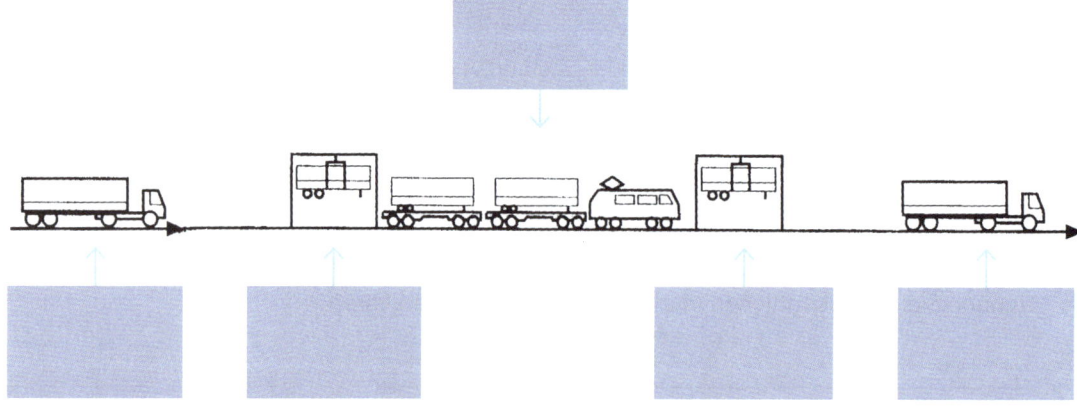

2. Für den kombinierten Verkehr gibt es verschiedene technische Möglichkeiten.

   a) Ordnen Sie die folgenden Bezeichnungen der Transportvarianten den Abbildungen zu.

   unbegleiteter Huckepackverkehr

   begleiteter Huckepackverkehr

   kombinierter Verkehr mit Containerumschlag

   b) Beschreiben Sie kurz diese drei Möglichkeiten.

_____

_____

_____

_____

3. Unter **Trasse** versteht man im Eisenbahnwesen die zeitlich begrenzte Nutzung des Eisenbahnschienennetzes zwischen zwei Orten mit einem Zug bestimmter Bauart. Wodurch unterscheiden sich die folgenden Trassen?

Güterverkehrs-Standard-Trasse	_____ _____ _____ _____
Güterverkehrs-Express-Trasse	_____ _____ _____
Güterverkehrs-Zubringer-Trasse	_____ _____ _____ _____ _____ _____ _____ _____

Arbeitsblatt 13:   Binnenschifffahrt

1. Ergänzen Sie nach Bearbeitung des Kapitels „3.5.1 Binnenschifffahrt" den folgenden Text.

Die Schifffahrt stellt einen der wichtigsten _____ in der Bundesrepublik Deutsch

land dar. Auf Flüssen und _____ werden Güter im Landesinneren transportiert.

Haupt-Verkehrslinien sind dabei der Rhein im Westen, die _____ und die _____ (beide im

Norden) sowie die _____ (im Osten). Im Süden der Bundesrepublik ergänzt die _____

das Netz der Binnenschifffahrt. Ohne künstlich geschaffene Verbindungen aber ist der Transport von

Massengütern quer durch Deutschland per Schiff nicht machbar.

Um vom Seehafen Hamburg nach Passau zu gelangen, bietet sich deshalb z. B. folgende Lösung an:

Hamburg (Seehafen) → _____

_____

_____

_____

_____

→ Passau

Viele _____ , die sich häufig zu Schiffsbetriebsverbänden vereinigt haben, befördern die

Fracht zumeist im _____ . In der Regel wird dabei vom Kunden der gesamte Lade-

raum des Schiffes gebucht. Man spricht deshalb von einer _____-Charterung.

Als Begleitpapier des Schiffers dient einerseits der _____ , der bestätigt, dass ein Fracht-

vertrag geschlossen wurde; für eine höhere Sicherheit sorgt dagegen der Ladeschein, weil damit die

Ladung nur an den Empfänger (_____) oder an eine berechtigte Person

(_____) ausgehändigt werden darf.

Die _____ , die Kosten des Transports, werden durch die Vertragspartner vereinbart, z. B.

nach Raum (_____), Zahl (_____) oder Gewicht (_____).

2. Markieren Sie Ihre in Aufgabe 1 gewählte Route in der Bundeswasserstraßen-Karte auf der folgenen
   Seite mit einem roten Farbstift. Begründen Sie schriftlich, warum Sie diesen Weg zum Bestimmungs-
   ort Passau gewählt haben.

   _____

   _____

   _____

   _____

   _____

3. Tragen Sie in die folgende Tabelle zu allen Kriterien treffende Bemerkungen für die Verkehrsträger ein.

	Binnenschiff	Lkw	Eisenbahn
Ladekapazität			
Transportgeschwindigkeit			
Eignung für Güter			
Just-in-time-Fähigkeit			
Umweltverträglichkeit			
Zuverlässigkeit			
Kostengünstigkeit			

BUNDESWASSERSTRASSEN
- Wasser- und Schifffahrtsverwaltung des Bundes

 WSV.de   Bundesministerium für Verkehr und digitale Infrastruktur

Quelle: Bundesministerium für Verkehr und digitale Infrastruktur, Januar 2014, Karte W 162 de
Kartographie: Fachstelle für Geoinformationen Süd, Regensburg, zur Verfügung gestellt gemäß GeoNutzV
Bundeswasserstraßen, die eine Länge von unter 5 km aufweisen, sind maßstabsbedingt teilweise nicht dargestellt.

BONN ■ Sitz der Generaldirektion Wasserstraßen und Schifffahrt (GDWS)	Grenze zwischen Außenstellen der GDWS
MAINZ ■ Sitz einer Außenstelle der GDWS	nicht klassifizierte BinWaStr
Bingen ◆ Sitz eines Wasser- und Schifffahrtsamtes u. dgl.	WaStr-Klasse I - III nach UN ECE
KARLSRUHE ● Sitz einer Oberbehörde / Bundesanstalt	WaStr-Klasse IV - VI nach UN ECE

© Westermann Gruppe

Arbeitsblatt 14: Seeschifffahrt

1. Lösen Sie das folgende Kreuzworträtsel durch Bearbeitung des Kapitels „3.5.2 Seeschifffahrt".

   Hinweise: Waagerecht bedeutet von links nach rechts, senkrecht bedeutet von oben nach unten. „ß" muss durch „ss" ersetzt werden. „ä", „ö" oder „ü" sind nicht enthalten. Vereinbarungen über internationalen Versand sehen Sie bitte im entsprechenden Kapitel nach.

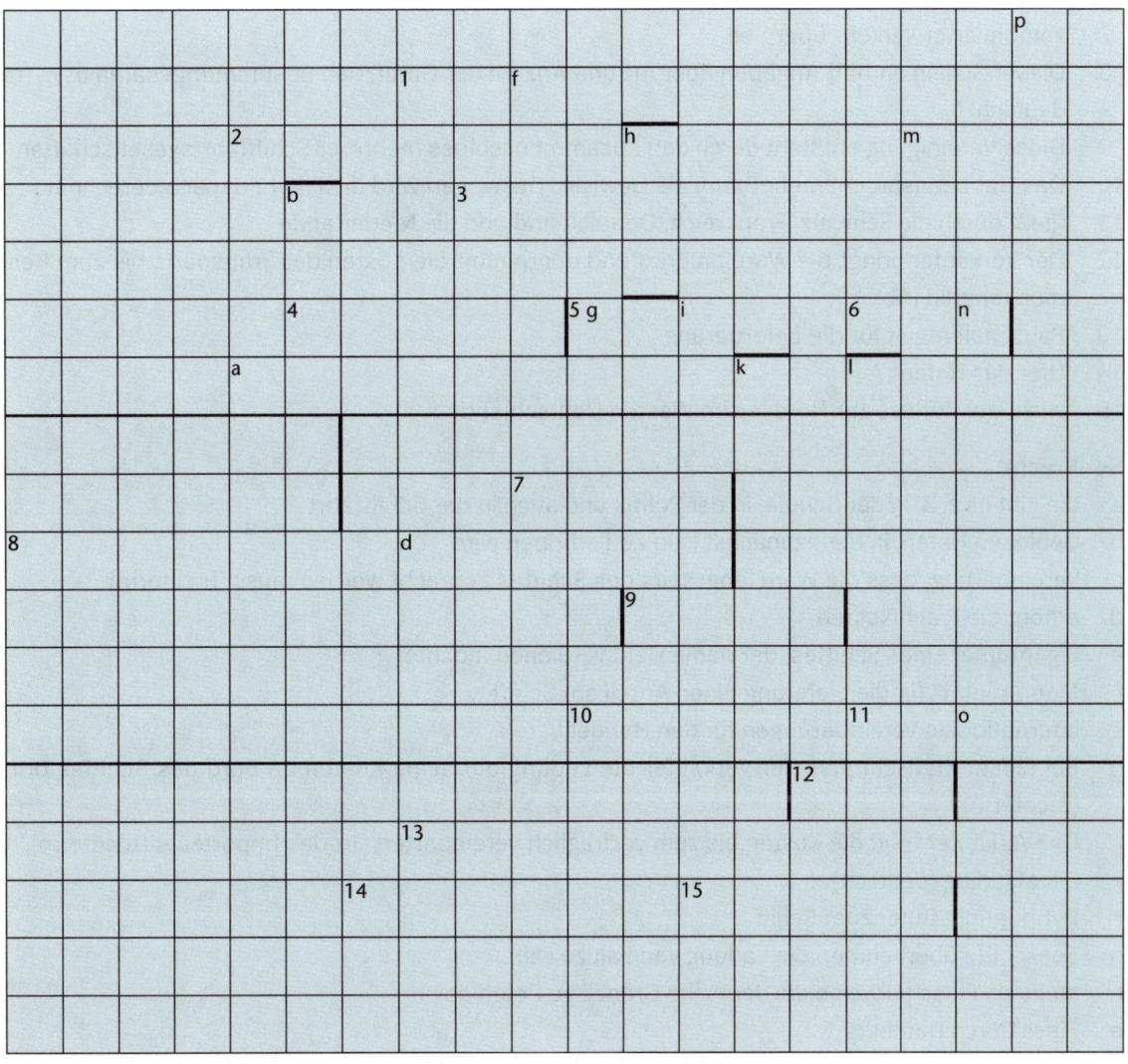

2. Welche Bedeutung hat die Abkürzung TEU?

   _____

3. Wie viel TEU haben (mit Stand 2018) Vollcontainerschiffe mit der größten Ladekapazität ca.?

   _____

Waagerecht:

1   Außenseiter (englisch)
2   Schiffe, z. B. für Getreide in der Seeschifffahrt
3   Regelung, dass der Verkäufer die Frachtkosten und die Versicherung übernimmt (Incoterm)
4   entspricht der Lieferungsbedingung „ab Werk" (Incoterm)
5   Nach diesem Code werden gefährliche Güter klassifiziert
6   Abkürzung für „International Maritime Organization"
7   kombinierter Verkehr über See
8   Dieser Schein enthält Angaben über Art und Anzahl der Güter, den Bestimmungshafen usw. (norddeutsch)
9   Diese Vereinigung entsteht durch den Zusammenschluss mehrerer Schifffahrtsgesellschaften
10   Das Gut beansprucht mehr Raum als Gewicht. Deswegen wird die Fracht danach berechnet
11   fließt durch die Schweiz, Frankreich, Deutschland und die Niederlande
12   Der Verkäufer bringt die Ware an Bord und übernimmt die Kosten des Transports bis zum Bestimmungshafen (Abk.)
13   Pauschalentgelt für die Beförderung
14   Ufer des Hafens
15   wichtiger Zufluss zur Nordsee im Westen Deutschlands

Senkrecht:

a   die gibt es z. B. in der Schule, in der Politik und auch in der Schifffahrt
b   Gebiet im Hafen, in dem zunächst kein Zoll erhoben wird
c   Vereinbarung, dass die Ware längsseits des Schiffes gebracht werden muss (Incoterm)
d   erhöht die Frachtkosten
e   Eigentümer eines Schiffes, der damit Geld verdienen möchte
f   Man „mietet" für die Lieferung einen Anteil am Schiff
g   internationale Vereinbarungen für den Handel
h   Bei dieser Klausel muss der Verkäufer die Ladung auf seine Kosten an Bord des Schiffes bringen (Incoterm)
i   Der Verkäufer trägt die Kosten bis zum vertraglich vereinbarten Ort des Importeurs (Incoterm)
k   Bill of lading (deutsch)
l   Er bringt die Güter zum Schiff
m   Seeschiffe übernehmen die Ladung von Fall zu Fall
n   stellt als Fluss teilweise die deutsche Grenze zu Polen dar
o   Fluss durch Hamburg
p   Er übernimmt die Beförderung von Gütern auf dem Seeweg gegen Bezahlung

Arbeitsblatt 15: IATA, Flughäfen, Beförderung

1. IATA:

   a) Was bedeutet der Begriff „IATA"?

   _____

   b) Welche Fluggesellschaften können Mitglied der IATA werden?

   _____

   _____

   _____

   _____

c) Suchen Sie mithilfe des Internets zehn Mitglieder der IATA heraus.

_____   _____

_____   _____

_____   _____

_____   _____

_____   _____

2. Markieren Sie die elf größten deutschen Flughäfen in der Karte auf der folgenden Seite und erklären Sie, warum an diesen Orten Flughäfen errichtet wurden.

_____

_____

_____

_____

_____

_____

_____

_____

_____

3. Als Mitarbeiter einer Spedition am Flughafen Düsseldorf sollen Sie entscheiden, ob sich die folgenden Güter, Tiere usw. für den Transport per Luftfracht eignen. Geben Sie eine kurze Begründung an.

a) Eine Flaschen-Befüllanlage im Gewicht von 800 t

_____

b) Ein Elefanten-Bulle für den Zoo in Karlsruhe, Gewicht 1,40 t

_____

c) 400 Kisten Aprikosen, Gesamtgewicht 8,0 t

_____

d) Die Britischen Kronjuwelen für eine Ausstellung in Berlin, geschätztes Gewicht 4,8 kg

_____

e) Das Herz eines Menschen für eine Transplantation, 800 g

_____

Deutschland – Transport und Verkehr

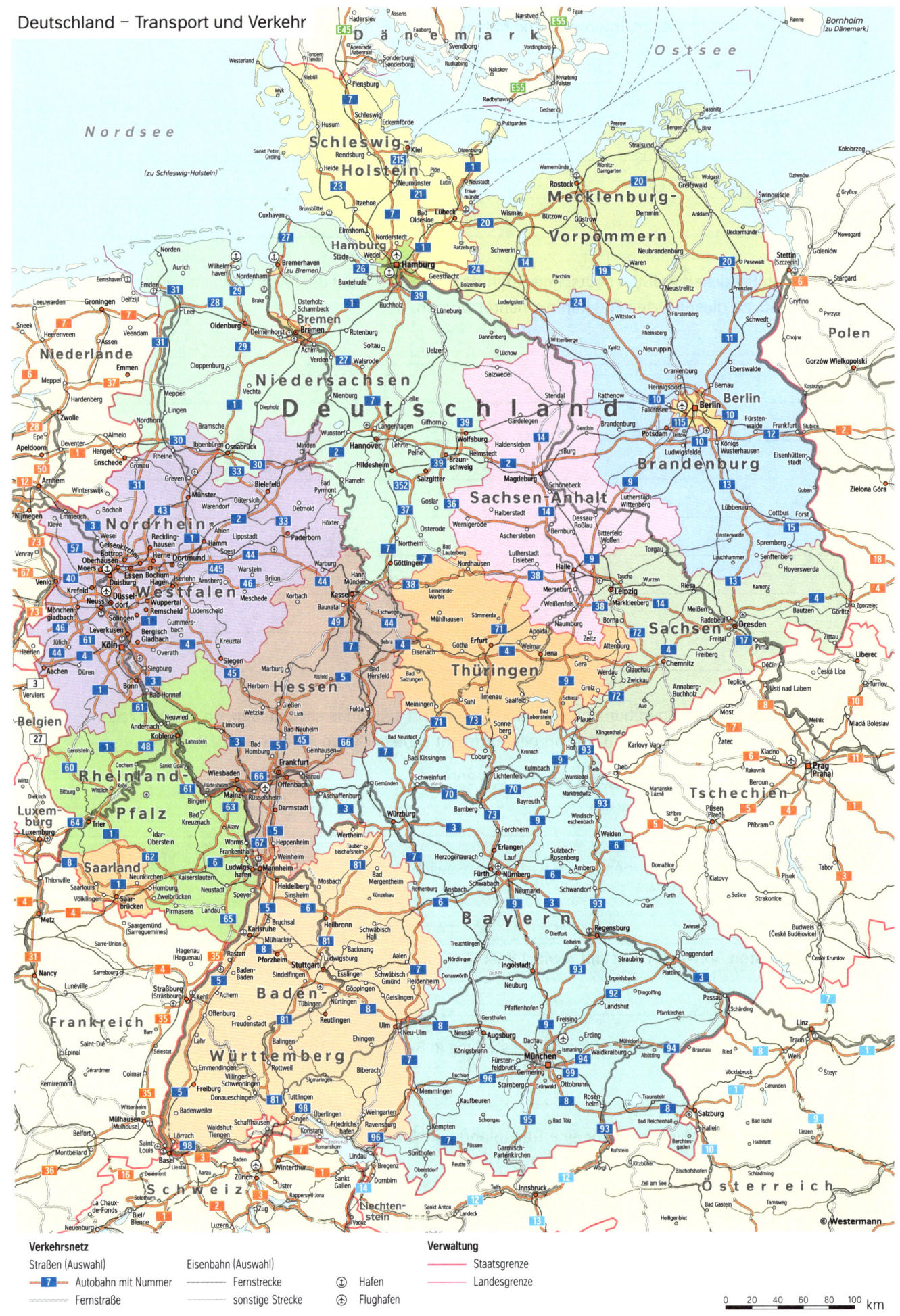

Verkehrsnetz

Straßen (Auswahl)

━**7**━ Autobahn mit Nummer

┄┄┄ Fernstraße

Eisenbahn (Auswahl)

─── Fernstrecke

─── sonstige Strecke

⚓ Hafen

✈ Flughafen

Verwaltung

─── Staatsgrenze

─── Landesgrenze

0 20 40 60 80 100 km

© Westermann

© Westermann Gruppe

Arbeitsblatt 16:   Zoll, Zollgebiet, Zollarten

1. Erklären Sie den Begriff „Zoll" in eigenen Worten.

_____

_____

_____

_____

Situationsaufgabe:

Als Mitarbeiter eines Elektronik-Großhändlers in Nürnberg sind Sie mit der Zollabwicklung für importierte bzw. zu exportierende Waren beauftragt. Eine Auszubildende im 1. Jahr ist Ihrer Abteilung zugeteilt und möchte Auskünfte darüber erhalten, ob Zoll erhoben wird.

Begründen Sie kurz Ihre Entscheidung.

2. a) „Die 70 Monitore für den Export nach Monaco sind fertig zum Versand."

_____

_____

_____

b) „Im Freihafen Bremerhaven sind die Bauteile aus Japan eingetroffen."

_____

_____

_____

c) „Bei der Lieferung aus der Schweiz liegen Präferenzpapiere. Was bedeutet das?"

_____

_____

_____

3. Unterscheiden Sie die Begriffe „Wertzoll" und „Präferenzzoll".

_____

_____

_____

_____

_____

_____

_____

Praktische Übung

Übung 1:   Einen Frachtbrief für den Güterkraftverkehr ausfüllen

Situation

Sie sind Mitarbeiter der Fluggeräte GmbH, Industriestr. 4, 04229 Leipzig.

Ihr Betrieb versendet mit heutigem Datum in 15 Verschlägen Maschinenteile an Ihren Kunden, die Instrumente Colvosco, Viale Isonzo 20, 3452 Mailand, Italien. Außerdem gehören zur Ladung auch zwei Holzkisten mit erklärungspflichtigen Chemikalien, Gefahrenklasse 3, UN-Nummer 1263. Die dazugehörigen Gefahrgut-Daten stehen in der beiliegenden Ladeliste Nummer 543278922. Dem Frachtbrief ist auch ein Unfallmerkblatt/schriftliche Weisung beigefügt. (Hinweis: Die Ladeliste und das Unfallmerkblatt/schriftliche Weisung sind selbst nicht zu bearbeiten, sondern im Frachtbrief zu erwähnen!) Für den Transport gelten die internationalen Gefahrgutvorschriften für die Straße (ADR). Dies ist im Frachtbrief auch kenntlich zu machen.

Frachtführer ist die Spedition Erich Haslbeck, Straubinger Str. 42, 84130 Dingolfing. Jeder Verschlag hat ein Gewicht von 625 kg und die Maße 1,40 × 1,20 × 0,80 m. Die Holzkisten wiegen mit Inhalt je 90 kg und sind 0,75 × 0,75 × 0,75 m groß.

Die Transportkosten von Leipzig nach Mailand übernimmt die Fluggeräte GmbH.

Die Verladung der Verschläge auf den Lkw mit dem Kennzeichen DGF-EP 5, Nutzlast 20000 kg, erfolgt auf dem Werksgelände der Fluggeräte GmbH in Leipzig. Die Entladestelle ist das Werksgelände der Instrumente Colvosco in Mailand.

Bei der Übernahme der Verschläge stellt der Fahrer der Spedition fest, dass bei einem Verschlag zwei Seitenbretter beschädigt sind. Er möchte dies im Frachtbrief vermerkt haben.

Die Spedition bittet Sie außerdem, im Frachtbrief in Feld 25 die Angaben zur Ermittlung der Entfernung mit Grenzübergängen einzutragen. Die Fahrt erfolgt über die Brennerautobahn in Österreich. Als Hilfsmittel dienen die im Anhang stehende Kilometrierung und eine Europa-Landkarte. Einzutragen sind nur die Gesamtstrecken in den drei betroffenen Ländern.

1. Füllen Sie den Frachtbrief entsprechend den obigen Angaben aus. Das Ausfertigungsdatum entspricht dem Versanddatum.

2. Suchen Sie auf einer Europa-Landkarte eine alternative Fahrroute für den Fall, dass die Fahrt über den Brenner wegen Murenabgängen nicht möglich ist.

_____

_____

_____

Anhang:
Kilometrierung: Leipzig – Mailand

Strecke	Kilometer
Leipzig – München	450 km
München – Kufstein	110 km
Kufstein – Innsbruck	55 km
Innsbruck – Brenner	50 km
Brenner – Verona	240 km
Verona – Mailand	160 km

Für Absender   Exemplaire de l'expéditeur   Exemplaar voor Afzender / Essemplare per mittente   Copy for sender / Exemplar for Afsender

Les parties encadrées de lignes grasses doivent être remplies par le transporteur.

Die mit fett gedruckten Linien eingerahmten Rubriken müssen vom Frachtführer ausgefüllt werden.

1 Absender (Name, Anschrift, Land) / Expéditeur (nom, adresse, pays)

**INTERNATIONALER FRACHTBRIEF
LETTRE DE VOITURE INTERNATIONAL**

Diese Beförderung unterliegt trotz einer gegenteiligen Abmachung den Bestimmungen des Übereinkommens über den Beförderungsvertrag im internat. Straßengüterverkehr (CMR).

Ce transport est soumis, nonobstant toute clause contraire, à la Convention relative au contract de transport international de marchandises par route (CMR).

2 Empfänger (Name, Anschrift, Land) / Destinataire (nom, adresse, pays)

16 Frachtführer (Name, Anschrift, Land) / Transporteur (nom, adresse, pays)

3 Auslieferungsort des Gutes / Lieu prévu pour la livraison de la marchandise
Ort/Lieu
Land/Pays

17 Nachfolgende Frachtführer (Name, Anschrift, Land) / Transporteurs successifs (nom, adresse, pays)

4 Ort und Tag der Übernahme des Gutes / Lieu et date de la prise en charge de la marchandise
Ort/Lieu
Land/Pays
Datum/Date

18 Vorbehalte und Bemerkungen der Frachtführer / Réserves et observations des transporteurs

5 Beigefügte Dokumente / Documents annexés

6 Kennzeichen und Nummern / Marques et numéros	**7** Anzahl der Packstücke / Nombre des colis	**8** Art der Verpackung / Mode d'emballage	**9** Bezeichnung des Gutes* / Nature de la marchandise*	**10** Statistiknummer / No statistique	**11** Bruttogewicht in kg / Poids brut, kg	**12** Umfang in m³ / Cubage m³

Klasse / Classe   Ziffer / Chiffre   Buchstabe / Lettre   (ADR) / (ADR)

13 Anweisungen des Absenders (Zoll- und sonstige amtliche Behandlung) / Instructions de l'expéditeur (formalités douanières et autres)

19 Zu zahlen vom: / A payer par:

	Absender / L'expéditeur	Währung / Monnaie	Empfänger / Le Destinataire
Fracht / Prix de transport			
Ermäßigungen / Réductions —			
Zwischensumme / Solde			
Zuschläge / Supplements			
Nebengebühren / Frais accessoires			
Sonstiges / Divers +			
Zu zahlende Gesamtsumme / Total à payer			

14 Rückerstattung / Remboursement

15 Frachtzahlungsanweisungen / Prescription d'affrachissement
Frei / Franco
Unfrei / Non Franco

20 Besondere Vereinbarungen / Conventions particulières

21 Ausgefertigt in / Établie à   am / le   20

24 Gut empfangen / Réception des marchandises   Datum / Date
am / le _____ 20 ___

22   **23**

Unterschrift und Stempel des Absenders / Signature et timbre de l'expéditeur

Unterschrift und Stempel des Frachtführers / Signature et timbre du transporteur

Unterschrift und Stempel des Empfängers / Signature et timbre du destinataire

21+22 einschließlich y compris et 1-15

Ausfüllen unter der Verantwortung des Absenders. A remplir sous la responsabilité de l'expéditeur.

25 Angaben zur Ermittlung der Tarifentfernung mit Grenzübergängen

28 Berechnung des Beförderungsentgelts

von	bis	km	frachtpfl. Gewicht in kg	Tarifstelle Sonderabmachung	Güterarten	Währung	Frachtsatz	Beförderungsentgelt

26 Vertragspartner des Frachtführers ist – kein – Hilfs- gewerbetreibender im Sinne des anzuwendenden Tarifs

27   Amtl. Kennzeichen   Nutzlast in kg
Kfz
Anhänger

Benutzte Gen.-Nr.   ❏ National   ❏ Bilateral   ❏ EG   ❏ CEMT

Praktische Übung

Übung 2: Frachtentgelt berechnen

Situation:

Sie sind im Versand tätig und sollen dafür sorgen, dass eine Warensendung mit einem Nettogewicht von 169 kg und einer Tara von 8 kg zu einem Kunden in 380 km Entfernung transportiert wird. Die Maße der Sendung betragen 1,50 m × 1,50 m, die Höhe beträgt 1,80 m. Die Lieferung ist bis spätestens 11:00 Uhr am nächsten Vormittag zugesagt. Die Lieferung soll als Versendernachnahme und mit der Frankatur „unfrei" verschickt werden.

Ihnen liegen folgende Unterlagen der Spedition ABY-Logistik vor:

Preisliste ABY-Logistik **FRACHT**
Haus-Haus-Preise in Euro für nationale Sendungen, exkl. USt.

km				kg von 101 bis 125	126 150	151 175	176 200	201 225	226 250	251 275	276 300
von	151	bis	200	110,0	120,6	129,9	141,1	160,5	169,8	178,8	192,0
	201		250	117,8	128,7	138,9	151,5	172,5	182,5	192,5	207,0
	251		300	122,5	134,2	145,0	158,6	180,5	191,2	201,8	217,0
	301		350	127,5	139,9	151,3	165,9	188,8	200,1	211,3	227,4
	351		400	131,4	144,4	156,3	171,8	185,5	207,4	218,9	235,8
	401		500	135,9	149,4	162,1	178,5	203,0	215,5	227,6	245,3
	501		600	141,1	155,4	168,7	186,3	211,9	224,9	237,8	256,4
	601		800	144,4	159,3	173,0	191,2	217,5	231,0	244,3	263,4
	801		1 200	148,9	164,4	178,8	197,9	224,9	239,1	252,9	272,9

Nebenentgelte:

Entgelt für Versendernachnahmen – 2 % der Bruttofracht, mindestens aber 12,00 €
Rechnungserstellung für Unfrei-Empfänger, die nicht zur sofortigen Zahlung bereit sind – 12,00 €
Nachträgliche Verfügung des Versenders/Anweisung des Empfängers – pro Sendung 10,00 €

Zustellung in 24 bis 48 Stunden

Preisliste ABY-Logistik **EXPRESS**
Haus-Haus-Preise in Euro für nationale Sendungen, exkl. USt.

km				kg von 101 bis 125	126 150	151 175	176 200	201 225	226 250	251 275	276 300
von	151	bis	200	121,8	132,6	142,9	155,1	176,5	186,8	196,8	211,0
	201		250	129,8	141,7	152,9	166,5	189,5	199,5	211,5	227,0
	251		300	134,5	147,2	159,0	174,6	198,5	210,2	222,8	238,0
	301		350	140,5	153,9	166,3	182,9	207,8	220,1	232,3	250,4
	351		400	144,4	158,4	172,3	189,8	215,5	228,4	240,9	259,8
	401		500	149,9	164,4	178,1	196,5	223,0	237,5	250,6	269,3
	501		600	155,1	171,4	185,7	202,3	233,9	247,9	261,8	282,4
	601		800	158,4	175,3	190,0	210,2	239,5	254,0	268,3	289,4
	801		1 200	163,9	180,4	196,8	217,9	247,9	263,1	278,9	300,9

Nebenentgelte:

Entgelt für Versendernachnahmen – 2 % der Bruttofracht, mindestens aber 12,00 €

Rechnungserstellung für Unfrei-Empfänger, die nicht zur sofortigen Zahlung bereit sind – 12,00 €

Nachträgliche Verfügung des Versenders/Anweisung des Empfängers – pro Sendung 10,00 €

Zustellung in 24 Stunden bis 15:00 Uhr am Tag nach der Auslieferung

Preisliste   **ABY-Logistik**   **EXPRESS Plus**

Haus-Haus-Preise in Euro für nationale Sendungen, exkl. USt.

km			kg von bis	101 125	126 150	151 175	176 200	201 225	226 250	251 275	276 300
von	**101**	bis	**200**	180	190	201	218	237	248	259	276
	201		**300**	192	206	217	238	259	272	285	303
	301		**400**	204	217	230	255	279	293	308	328
	401		**600**	216	231	244	273	302	317	332	354
	601		**1 200**	229	245	258	293	327	342	358	382

Nebenentgelte:

Entgelt für Versendernachnahmen – 2 % der Bruttofracht, mindestens aber 12,00 €

Rechnungserstellung für Unfrei-Empfänger, die nicht zur sofortigen Zahlung bereit sind – 12,00 €

Nachträgliche Verfügung des Versenders/Anweisung des Empfängers – pro Sendung 10,00 €

Zustellung bis 10:30 Uhr am Tag nach der Auslieferung

Arbeitsauftrag:

1. Welche der drei Beförderungsmöglichkeiten (Fracht, Express und Express Plus) kommt bei der zugesagten Lieferzeit infrage?

   _____

2. Wie viel kg beträgt das Bruttogewicht der Sendung?

   _____

3. Wie viel Euro netto (exklusive Umsatzsteuer) kostet der Transport, wenn aus den abgebildeten Preislisten die kostengünstigste Möglichkeit gewählt wird?

   _____

4. Welches Papier muss ausgefüllt werden, wenn die Sendung an die ABY-Logistik übergeben wird?

   _____

5. Wer zahlt bei der angegebenen Frankatur die Frachtkosten?

   _____

6. Wie viel Euro Nachnahme hat der Empfänger zu zahlen?

_____

_____

_____

_____

Praktische Übung

Übung 3:   Güter per Schiff versenden

Situation 1
Sie arbeiten als Fachkraft im Lagerbereich bei einer Spedition in Stuttgart. Für den Auftrag eines Druck-maschinen-Herstellers sollen Sie die Route planen und die notwendigen Schritte ergreifen.
Zehn Druckmaschinen und notwendige Zubehörteile im Gesamtgewicht von 1 200 t müssen innerhalb von drei Wochen vom Hersteller in Heidelberg nach Bremerhaven transportiert werden, wo die Verschif-fung für den Überseetransport nach Brasilien erfolgen wird.

Arbeitsauftrag:
1. Welche(n) Verkehrsträger wählen Sie für diese Tour (mit Begründung)?

_____

_____

_____

2. Markieren Sie die von Ihnen festgelegte Tour in der Karte „Bundeswasserstraßen" auf Seite 202 in gelber Farbe und beschreiben Sie sie hier in Worten.

_____

_____

_____

_____

_____

_____

3. Welche Begleitpapiere sind für Ihre Route notwendig?

_____

_____

_____

_____

4. Suchen Sie eine Alternativ-Route für diesen Transport und beschreiben Sie diese hier. Tragen Sie diese in grüner Farbe in die Karte ein.

_____

_____

_____

_____

_____

_____

_____

5. Warum sollten Sie immer eine „Ausweichmöglichkeit" zur Entscheidung heranziehen?

_____

_____

_____

_____

_____

_____

_____

6. Mit wem nehmen Sie für die Durchführung des Transports Kontakt auf?

_____

_____

_____

_____

_____

_____

_____

Situation 2

Die Druckmaschinen und das Zubehör aus Heidelberg sollen durch Ihr Unternehmen von Bremerhaven aus nach Brasilien verschifft werden, weil der bisher zuständige Verfrachter wegen Zahlungsschwierigkeiten nicht mehr zur Verfügung steht. Da Sie bereits den ersten Auftrag bearbeitet haben, sind Sie weiter für die Betreuung des Kunden zuständig.

Der Bevollmächtigte des Herstellers stellt im Rahmen der Auftragsverhandlungen einige Fragen.

7. „Würden Sie mir bitte erklären, wie es dann rechtlich aussieht, wenn wir Ihnen den Auftrag erteilen?"

_____

_____

_____

_____

_____

_____

_____

8. „Welche Kosten berechnen Sie für die Beförderung der Maschinen nach Brasilien, wenn wir Sie damit beauftragen?"

_____

_____

_____

_____

_____

_____

9. „Wer haftet für einen Schaden, wenn bei der Umladung in Bremerhaven eine Maschine zerstört werden sollte, was wir doch alle nicht hoffen wollen?"

_____

_____

_____

_____

_____

_____

_____

Praktische Übung

Übung 4: Einen Luftfrachtbrief ausfüllen

Situation:

Für den Transport von dringend benötigten Maschinenteilen in zwei Kisten (Bruttogewicht 200 kg, 1,480 m³) zur Fertigstellung eines Wasserkraftwerkes in Nairobi (Kenia) entscheidet sich die Wasser- und Sonnenkraft AG, 84032 Landshut, Benzstraße 6, für eine Beförderung per Luftfracht bei LH CARGO.

Arbeitsauftrag:

1. Als Mitarbeiter der Wasser- und Sonnenkraft AG sind Sie damit beauftragt, den nachfolgend abgebildeten Luftfrachtbrief auszufüllen.

   Weiter stehen Ihnen folgende Angaben zur Verfügung:

Empfänger:	Waters Ltd.
	Key Lands Box 4563
	Nairobi (Kenia)
Flug:	ab München (MUC), geplant 07:05 Uhr, heute
	LH 4711/11
	an Nairobi (NBO), geplant 14:35 Uhr, heute
Berechnetes Gewicht:	235 kg
Fracht:	634,60 € (Mit LH CARGO durch den Leiter-Export vereinbart)
Steuern:	70,00 €

   Nicht aufgeführte Daten für den Transport brauchen auch im Air Waybill nicht eingetragen zu werden.

2. Nachträglich müssen weitere Teile zum Kraftwerk in Nairobi geliefert werden, die zum Teil Beförderungsbeschränkungen unterliegen.

   Wird LH CARGO die Beförderung der Teile übernehmen? Geben Sie Ihre Entscheidung mit Begründung an.

   _____

   _____

   _____

   _____

   _____

   _____

   _____

   _____

3. Der Luftfrachtbrief liegt Ihnen in englischer Spache vor. Übersetzen Sie die englischen Begriffe und Texte in die deutsche Sprache und übernehmen Sie diese auf einem eigenen Blatt in Ihre Englischunterlagen.

Shipper's Name and Address	Shipper's account Number	
		Not negotiable **Air Waybill** Issued by
		Copies 1, 2 and 3 of this Air Waybill are originals and have the same validity
Consignee's Name and Address	Consignee's account Number	It is agreed that the goods described herein are accepted in apparent good order and condition (except as noted) for carriage SUBJECT TO THE CONDITIONS OF CONTRACT ON THE REVERSE HEREOF. ALL GOODS MAY BE CARRIED BY ANY OTHER MEANS INCLUDING ROAD OR ANY OTHER CARRIER UNLESS SPECIFIC CONTRARY INSTRUCTIONS ARE GIVEN HEREON BY THE SHIPPER. AND SHIPPER AGREES THAT THE SHIPMENT MAY BE CARRIED VIA INTERMEDIATE STOPPING PLACES WHICH THE CARRIER DEEMS APPROPRIATE. THE SHIPPER'S ATTENTION IS DRAWN TO THE NOTICE CONCERNING CARRIER'S LIMITATION OF LIABILITY. Shipper may increase such limitation of liability by declaring a higher value for carriage and paying a supplemental charge if required.
Issuing Carrier's Agent Name and City		Accounting Information
Agent's IATA Code	Account No.	

Airport of Departure (Addr. of first Carrier) and requested Routing   Reference Number   Optional Shipping Information

to	By first Carrier	Routing and Destination	to	by	to	by	Currency	CHGS Code	WT/VAL PPD COLL	Other PPD COLL	Declared Value for Carriage	Declared Value for Customs
	Airport of Destination		Requested Flight / Date				Amount of Insurance			INSURANCE · If carrier offers insurance, and such insurance is requested in accordance with the conditions thereof, indicate amount to be insured in figures in box marked "Amount of Insurance".		

Handling Information

SCI

No. of Pieces RCP	Gross Weight	kg lb	Rate Class Commodity Item No.	Chargeable Weight	Rate / Charge	Total	Nature and Quantity of Goods (incl. Dimensions or Volume)

Prepaid	Weight Charge	Collect	Other Charges
	Valuation Charge		
	Tax		
	Total other Charges Due Agent		Shipper certifies that the particulars on the face hereof are correct and that insofar as any part of the consignment contains dangerous goods, such part is properly described by name and is in proper condition for carriage by air according to the applicable Dangerous Goods Regulations.
	Total other Charges Due Carrier		
			Signature of Shipper or his Agent
Total prepaid	Total collect		
Currency Conversion Rates	cc charges in Dest. Currency		Executed on (Date) at (Place) Signature of Issuing Carrier or its Agent
For Carrier's Use only at Destination	Charges at Destination	Total collect Charges	

ORIGINAL 3 (FOR SHIPPER)

Printed in Germany · Druckhaus Steffes 01.2002 · IATA Resolution 600a

Lernfeld 10:
Logistische Prozesse optimieren

Arbeitsblatt 1:   Logistik

Auf vielen Lkws oder in Firmenbezeichnungen findet sich der Begriff „Logistik".

1. Wie lässt sich dieser Begriff erklären?

_____

_____

_____

_____

_____

2. Da die Logistik – wie andere Unternehmensbereiche auch – dazu beitragen muss, dass das Unternehmensziel erreicht wird, haben die für diesen Bereich verantwortlichen Mitarbeiter im Betrieb dafür zu sorgen, dass (Bitte ergänzen! Siehe „Aufgaben der Logistik".)

_____

_____

_____

3. Die Einbindung der Logistik ist je nach Branche und Größe des Unternehmens unterschiedlich. Beschreiben Sie den Waren- oder Materialfluss in Ihrem Betrieb. Gehen Sie dabei auf die damit verbundenen „logistischen" Arbeiten in den einzelnen Abteilungen oder Bereichen ein.

_____

_____

_____

_____

_____

_____

_____

_____

4. Ziele der Logistik:

Um die Ziele der Logistik erreichen zu können, werden in Betrieben integrierte Logistikkonzepte entwickelt, deren Aufgabe darin besteht, die einzelnen Logistikbereiche so miteinander zu verknüpfen, dass die Logistikleistungen optimiert werden können. Im Einzelnen geht es darum:

_____

_____

_____

_____

_____

_____

Arbeitsblatt 2: Optimierung logistischer Prozesse

1. Welche drei Prinzipien bilden die Basis des **Lean Managements**?

_____

_____

_____

2. Erklären Sie den wichtigsten Unterschied zwischen japanischen und westlichen Managementkonzepten am Beispiel des **Kaizen-Prinzips**.

_____

_____

_____

_____

_____

_____

3. Der Begriff **„Totaly Quality Management"** (TQM) umfasst drei Dimensionen.

Ergebniskontrolle:

_____

_____

Null-Fehler-Strategie:

_____

_____

Umfassendes Qualitätsbewusstein:

_____

4. Bringen Sie die Schritte zur Einführung eines Kontinuierlichen Verbesserungsprozesses (KVP) durch Zuordnung der Ziffern 1 bis 6 in eine sinnvolle Reihenfolge.

Analyse der Ist-Situation, Sammlung von Problemen ☐
Strategische Planung über Ziele und Rahmenbedingungen ☐
Generierung und Umsetzung von Maßnahmen ☐
Information und Einbindung der Führungskräfte ☐
Controlling, Feedback und Visualisierung ☐
Information und Einbindung der Mitarbeiter ☐

5. Was ist damit gemeint, dass das **„Warehouse-Management"** mehr umfasst als ein Lagerbestands-verwaltungssystem?

_____

_____

_____

6. Welche Ziele sollen im Rahmen des **„Supply Chain Management"** mit folgenden Methoden erreicht werden? (Bitte Tabelle entsprechend ausfüllen.)

Methode	Ziele	Beispiele
Szenario-Management		
Prozessketten-Management		
Logistik-Management		
Netzwerk-Management		

Arbeitsblatt 3:   A-B-C-Analyse

Eine Methode zur Optimierung logistischer Prozesse ist die A-B-C-Analyse.

1. Was versteht man darunter?

_____

_____

_____

_____

_____

2. Welcher Nutzen lässt sich aus dieser Analyse ziehen?

_____

_____

_____

_____

_____

3. Führen Sie die Analyse mithilfe der folgenden Tabelle durch.

Güter-Nr.	Anzahl/Stück (Jahresbedarf)	%- Anteil an der Gesamt-menge	Gesamtwert der Güter/€	%-Anteil am Gesamtwert	Einteilung in A-, B- u. C-Güter
1	3 000	_____	300 000,00	_____	_____
2	4 800	_____	500 000,00	_____	_____
3	9 000	_____	120 000,00	_____	_____
4	18 000	_____	50 000,00	_____	_____
5	25 200	_____	30 000,00	_____	_____
gesamt	_____	_____	_____	_____	_____

Zusatzaufgabe: Stellen Sie diesen Sachverhalt grafisch dar.

4. Neben der A-B-C-Analyse gibt es die **X-Y-Z-Analyse** von Gütern. Wofür steht das

X?	
Y?	
Z?	

Praktische Übung

Übung 1:   Den optimalen Lagerbestand ermitteln

Situation

Sie sind als Fachkraft für Lagerlogistik in einem Lebensmittelgroßhandelsunternehmen in der Abteilung „Logistik" beschäftigt. Ihre Aufgabe besteht u. a. darin, logistische Prozesse zu optimieren.

Ihnen liegen Beschwerden vor, dass die Lieferbereitschaft häufiger nicht gegeben war. Es ist zu verspäteten Lieferungen an die Kunden gekommen. Aus folgender Statistik des letzten Quartals lässt sich die Lieferbereitschaft ablesen:

Monate	Aufträge	Sofort ausgeführte Aufträge
Januar	846	745
Februar	904	777
März	958	814
	2 708	2 336

Aufgaben

1. Errechnen Sie den Lieferbereitschaftsgrad für das erste Quartal.

2. Wenn die Lieferbereitschaft nicht immer gegeben ist, kann dies zu Fehlmengenkosten führen. Welche Kosten könnten damit gemeint sein?

3. Schlagen Sie Maßnahmen vor, die geeignet sind, die Lieferbereitschaft zu sichern.

_____

_____

_____

_____

4. Eine hohe Lieferbereitschaft bedingt entsprechend hohe Lagerbestände, und damit Lagerkosten. Um den Zusammenhang zwischen den Lagerkosten und Fehlmengenkosten deutlich machen zu können, stehen Ihnen folgende Grafiken zur Verfügung.

Erklären Sie anhand der Grafiken, warum es sich hier um ein Optimierungsproblem handelt.

_____

_____

_____

_____

_____

5. In einer Fachzeitschrift haben Sie gelesen, dass die durchschnittliche Umschlagshäufigkeit in Ihrer Branche 34 beträgt. In Ihrem Betrieb wurde eine Umschlagshäufigkeit von 36 ermittelt. Dieses Ergebnis wurde in Ihrer Abteilung als sehr positiv eingeschätzt. Könnte aber vielleicht ein Zusammenhang zu den eingangs erwähnten Problemen mit der Lieferbereitschaft bestehen?

_____

_____

_____

_____

_____

_____

_____

6. Machen Sie Vorschläge, wie der Lagerbestand verringert werden kann, ohne dass die Lieferbereitschaft infrage gestellt wird.

_____

_____

_____

_____

_____

_____

_____

_____

_____

_____

_____

Praktische Übung

Übung 2:   Kosten bei Eigen- und Fremdlagerung analysieren

Situation

Sie sind Mitarbeiterin in der Logistik-Abteilung eines Großhandelsbetriebes für Kosmetikartikel. Zu Ihren Aufgaben gehört es, betriebliche Funktionen und Abläufe mit dem Ziel zu untersuchen, Kosten einzusparen. Momentan macht die Lagerhaltung die größten Sorgen. Das Lager platzt aus allen Nähten. Es kommt immer wieder zu Schwierigkeiten bei Ein- und Auslagerungen, weil häufig Ware im Wege steht. In der Vergangenheit wurden bereits Versuche unternommen, die Lagerbestände auf das notwendige Maß zu reduzieren. Das hat die Situation aber nur vorübergehend entlastet. Da die Absatzlage für die Zukunft günstig eingeschätzt wird, muss davon ausgegangen werden, dass mehr Lagerfläche benötigt wird.

Ihnen liegt ein Angebot eines Lagerhalters vor, der in unmittelbarer Nähe zu Ihrem Betrieb Lagerflächen zur Verfügung stellen könnte. Die Lagermiete beträgt 15,00 € (inkl. MwSt.) pro Quadratmeter und Monat.

Alternativ soll die Möglichkeit eines Erweiterungsbaus geprüft werden. Hierzu liegen Ihnen folgende Zahlen vor:

fixe Kosten pro Jahr 24 000,00 €,

variable Kosten 100,00 € pro Quadratmeter und Jahr.

Aufgaben

1. Klären Sie, mit welchen fixen und variablen Kosten beim eigenen Lager vor allem zu rechnen ist ...

Fixe Kosten	Variable Kosten

... und welche Kosten nicht eindeutig zuzuordnen sind (mit Begründung).

_____

_____

_____

_____

_____

_____

_____

_____

_____

_____

_____

2. Sie sollen in der nächsten Abteilungskonferenz die Ergebnisse Ihrer Berechnungen präsentieren. Zu klären ist die Frage, ob Eigen- oder Fremdlagerung für Ihren Betrieb infrage kommt bzw. ab welcher Fläche sich ein eigenes Lager lohnen könnte. Erstellen Sie hierzu eine PowerPoint-Präsentation, bei der Sie

   a) die kritische Lagerfläche, also die Fläche, ab der sich ein eigenes Lager lohnen könnte, mathematisch errechnen und

b) grafisch darstellen.

(Lösungshinweis: Abszisse: 1 cm = 50 m², max. 500 m²

                    Ordinate: 1 cm = 10 000,00 €, max. 100 000,00 €)

c) Unabhängig von den Kosten sollen die **Vorteile**, die jeweils für ein eigenes Lager oder für Fremdlagerung sprechen, in tabellarischer Form einander gegenübergestellt werden.

Eigenlagerung	Fremdlagerung

Lernfeld 11:
Güter beschaffen

Arbeitsblatt 1:   Bedarfsplanung

Wie bereits festgestellt wurde, beginnt der logistische Prozess mit der Beschaffung. Bevor in der Einkaufs-abteilung Ware oder Material bestellt werden kann, müssen wichtige Fragen beantwortet werden.

1. Zählen Sie diese vier sogenannten „W"-Fragen auf.

a) _____

b) _____

c) _____

d) _____

Die Ermittlung des Bedarfs hängt von der Betriebsart (Industrie, Handel) ab.

2. Beschreiben Sie, wovon der Bedarf in Ihrem Betrieb abhängt.

_____

_____

_____

In Industriebetrieben stellt sich zusätzlich häufig die Frage, ob die benötigten Teile selbst herge-stellt oder von einer Fremdfirma gekauft werden sollen. Die Beantwortung dieser Frage hängt vor allem von den Kosten ab.
In einem Industriebetrieb wurden folgende Zahlen ermittelt:

	Fixkosten	Variable (Stück-)Kosten
Eigenherstellung	120 000,00 €	50,00 €
Fremdbezug	0,00 €	90,00 €

3. a) Ermitteln Sie mithilfe der nachfolgenden Tabelle, ab welcher Menge sich die Eigenherstellung lohnt.

Menge/ Stück	Eigenherstellung			Fremd-bezug/€	Günstiger?
	Fixkosten/€	Variable K./€	Gesamtkosten/€		
1 000					
2 000					
3 000					
4 000					
5 000					

Zusatzaufgabe: Stellen Sie dieses Problem grafisch dar.

Lösungshinweis:
Abszisse: Menge, 2 cm = 1 000 Stück, max. 5000 Stück
Ordinate: Kosten, 1 cm = 50 000,00 €, max. 500 000,00 €

b) Ermitteln Sie mithilfe folgender Tabelle die Gesamtstückkosten.

Menge	Fixe Stückkosten	Variable Stückkosten	Gesamtstückkosten
500	240,00 €	50,00 €	
1000	120,00 €	50,00 €	
5000	24,00 €	50,00 €	
10000	12,00 €	50,00 €	

c) Welche Erkenntnisse lassen sich aus diesen Ergebnissen ziehen?

_____

_____

_____

4. Die einzukaufende Menge, und damit der Lagerbestand, hängt von vielen Faktoren ab. Dabei ist es wichtig, dass der Lagerbestand weder zu groß noch zu klein ist. Wenn dieses Ziel erreicht worden ist, spricht man vom sogenannten **optimalen Lagerbestand**.

Stellen Sie mögliche Auswirkungen eines zu hohen bzw. zu niedrigen Lagerbestandes gegenüber.

Auswirkungen bei zu hohem Lagerbestand	Auswirkungen bei zu niedrigem Lagerbestand

5. Für ein bestimmtes Produkt wird mit einem Jahresbedarf von 1 800 Stück gerechnet. An Bestellkosten fallen 150,00 € pro Bestellung an, die Lagerkosten werden mit 2,00 € pro Stück veranschlagt. Da die gelieferten Waren bis zur nächsten Lieferung verkauft werden, soll mit der halben Bestellmenge als durchschnittlichem Lagerbestand gerechnet werden.

Ermitteln Sie die optimale Bestellmenge (Minimum der Summe von Bestell- und Lagerkosten) mithilfe folgender Tabelle.

Anzahl Bestellungen	Bestell-menge/Stück	Bestell-kosten/€	Durchschn. Lagerbestand	Lager-kosten/€	Gesamt-kosten/€	Lö-sung
1						
2						
3						
4						
5						

6. Ein Fahrradhersteller erhält den Auftrag für die Herstellung von 1000 Fahrrädern. Die Rahmen für diese Fahrräder kommen von einem Zulieferer.

Wie hoch ist der Nettobedarf, wenn von 2 % Zusatzbedarf ausgegangen wird und noch 200 Rahmen auf dem Lager sind, von denen allerdings bereits 50 für einen Spezialauftrag reserviert sind. 300 Rahmen sind bereits bestellt, wurden aber noch nicht geliefert.

Zusatzaufgabe: Stellen Sie dieses Problem grafisch dar.

Arbeitsblatt 2: Bestellzeitpunkt

Beim **Bestellpunktverfahren** wird eine Nachbestellung durchgeführt, wenn der sogenannte „Meldebestand" erreicht wurde.

1. Ermitteln Sie mithilfe der entsprechenden Formel den Meldebestand, wenn von folgenden Daten ausgegangen wird:

   Tagesumsatz 80 Stück, Lieferzeit sechs Tage, Mindestbestand 240 Stück, Höchstbestand 1600 Stück

   Variation: Wie hoch ist der Meldebestand, wenn beobachtet wird, dass der Lieferer regelmäßig zwei Tage länger benötigt und der Tagesverbrauch auf 60 Stück durchschnittlich gesunken ist?

Zusatzaufgabe: Stellen Sie den Sachverhalt grafisch dar (Ausgangslage und Variation).

2. Im Lager ermitteln wir für ein bestimmtes Produkt einen Bestand von 440 Stück. Um welchen Bestand handelt es sich, wenn wir mit einem Tagesverbrauch von 40 Stück, einer Lieferzeit von 8 Tagen, einem Mindestbestand von 3 Tagesverbräuchen und einer Bestellmenge von 480 Stück rechnen?

a) Mindestbestand   b) _____

c) Höchstbestand   d) optimaler Lagerbestand

3. Bringen Sie den Ablauf des Kanban-Systems in die richtige Reihenfolge.

1	Entnahme aus den Behältern
	Verladung der Sendung beim Lieferer
	Bedarfsermittlung durch Abscannen des Barcodes auf der Behälterkarte
	Einlagerung der neuen Lieferung ins Kanban-Regal beim Kunden
	Kommissionierung beim Lieferer
	Übermittlung des Bestellimpulses per DFÜ vom Kunden zum Lieferer

4. Für welche Güter eignet sich das Kanban-System besonders?

_____

_____

5. Das „Just-in-time"-Verfahren ist eine Form der lagerlosen Materialversorgung, bei der der Lieferer gerade zur richtigen Zeit, also wenn das Material z. B. in der Fertigung benötigt wird, anliefert. Das Verfahren funktioniert aber nur, wenn z. B. folgende Voraussetzungen erfüllt sind:

    _____

    _____

    _____

    _____

    _____

6. Das „Just-in-time"-Verfahren hat große Vorteile, birgt aber auch Gefahren und Nachteile.

Vorteile	Nachteile

Arbeitsblatt 3:   Wareneinkauf

1. Welcher Vorteil ist nicht mit einem EDV-gesteuerten Warenwirtschaftssystem verbunden?
    a) Beschleunigung der innerbetrieblichen Informationsströme
    b) Es können keine Fehler mehr vorkommen
    c) Vereinfachung der Arbeit durch Zugriff auf gemeinsamen Datenbestand
    d) Automatisierung betrieblicher Vorgänge (z. B. Bestellvorgang)
    e) Nutzung von Auswertungsmöglichkeiten

2. Welche Hilfsmittel stehen bei der Ermittlung von Bezugsquellen zur Verfügung?

    _____

    _____

    _____

    _____

    _____

    _____

3. Welche Aussage zur Anfrage ist richtig?
   a) Anfragen sind stets verbindlich.
   b) Anfragen können nur schriftlich vorgenommen werden.
   c) Anfragen sind eine rechtsverbindliche Willenserklärung.
   d) Anfragen enthalten Liefer- und Zahlungsbedingungen.
   e) Anfragen dienen z. B. der Einholung von Informationen über das Sortiment des Lieferers.

4. Welche Inhalte sollte ein Angebot des Lieferers auf jeden Fall enthalten?

5. Was versteht man unter folgenden Incoterms?

   EXW _____

   DAP _____

   FOB _____

   CIF _____

6. Aufgrund einer Anfrage erhielt ein Großhändler folgendes Angebot für einen bestimmten Artikel:

   > **Lieferer Y:**
   > Listenpreis pro Stück 385,00 €, Rabatt bei Abnahme von mindestens 50 Stück 12,5 %, 2 % Skonto-
   > abzug bei Zahlung innerhalb 8 Tagen, Verpackung ist im Preis inbegriffen, Versandkosten pro 10
   > Stück 44,00 €

   Sollte der Großhändler bei diesem Lieferer bestellen, wenn sein bisheriger Lieferant 100 Stück zu einem Bezugspreis von 349,90 pro Stück geliefert hat?

   a) Führen Sie einen rechnerischen Angebotsvergleich durch.

b) Welche weiteren Überlegungen könnten bei der Auswahl eines Lieferanten von Bedeutung sein? (Qualitativer Angebotsvergleich!)

_____

_____

_____

_____

7. **Bestellung und Bestellungsannahme**

(1) Ergänzen Sie folgenden Satz.

Die Bestellung ist die _____ des Käufers, eine

bestimmte Ware zu bestimmten Bedingungen kaufen zu wollen.

(2) In welchem Fall ist eine Auftragsbestätigung für das Zustandekommen eines Kaufvertrags nicht nötig?

a) Der Bestellung ging kein Angebot voraus.

b) Die Bestellung entspricht dem verbindlichen Angebot des Lieferers.

c) Die Bestellung weicht vom verbindlichen Angebot des Lieferers ab.

d) Die Bestellung trifft verspätet beim Lieferer ein.

e) Das der Bestellung zugrunde liegende Angebot war freibleibend.

Praktische Übung

Übung: **Eine Lieferantenbewertung erstellen**

Situation
Sie arbeiten für das Autohaus Fiedler in Frankfurt. Es sollen 50 Reifen der Sorte 165 SR 14 nachbestellt werden.
Die Reifen sollen spätestens drei Wochen nach Bestellung eintreffen.
Bisher wurden die Reifen bei den Lieferern Alpha KG in Hanau und Gamma GmbH in Aschaffenburg bezogen. Als neuer Lieferant wird Ihnen die Delta GmbH, Bismarckstraße 56 in 63478 Offenbach empfohlen.

Aufgaben
1. Entwerfen Sie eine Anfrage an die Delta GmbH und schreiben Sie diese unter dem 10. September 20.. als formgerechten Brief (siehe Briefvordruck).

Als Antwort auf diese Anfrage erhält das Autohaus Fiedler am 13. September 20.. folgendes Angebot der Delta GmbH:

Vielen Dank für Ihre Anfrage vom 10. September. Die angefragten 50 Stück Reifen der Sorte 165 SR 14 bieten wir Ihnen zu einem Listeneinkaufspreis von 80,00 € pro Stück an. Die gewünschte Sendung ist sofort nach Ihrer Bestellung lieferbar.
Unsere Preise verstehen sich frachtfrei zuzüglich 0,50 € Transportkosten je Stück und einer Verpackungskostenpauschale von 100,00 €. Bei Zahlung innerhalb von 8 Tagen sind 3 % Skonto abziehbar, ansonsten gelten 30 Tage Zielzahlung.
Gerne nehmen wir Ihre Bestellung entgegen und gewähren Ihnen einen Erstbezieherrabatt von 15 %. Bei weiteren Aufträgen werden Preisnachlässe nach der Bestellmenge berechnet.

2. Tragen Sie die Bedingungen der Delta GmbH in die Tabelle ein, die aus der Liefererdatei mit den bisherigen Lieferanten des Reifens 165 SR 14 erstellt wurde.

Lieferantenkonditionen		Reifen 165 SR 14	
Lieferant	Alpha KG, Hanau	Gamma GmbH Aschaffenburg	Delta GmbH, Offenbach
Preis je Stück	70,00 €	74,00 €	
Zahlungs-bedingungen	10 % Rabatt bei Mindestabnahme von 40 Stück, 2 % Skonto bei Zahlung innerhalb 10 Tagen oder Zahlungsziel von 20 Tagen	15 % Rabatt bei Mindestabnahme von 50 Stück, 3 % Skonto bei Zahlung innerhalb einer Woche, sonst 40 Tage netto Kasse	
Lieferbedingungen	ab Werk	frei Haus	
Transportkosten je Stück	5,50 €		
Verpackungskosten	einschließlich	200,00 € pauschal	
Lieferzeit	10 Tage	4 Wochen	

3. Ermitteln Sie mithilfe des unten abgebildeten Kalkulationsschemas die jeweiligen Bezugspreise für die Lieferung von 50 Reifen und stellen Sie auf diese Weise den günstigsten Lieferer fest.

Kalkulationsschema	Artikel: Autoreifen	Nr.: 165 SR 14	Liefermenge: 50 Stück
Liefermenge 50 Stück	Alpha KG, Hanau	Gamma GmbH Aschaffenburg	Delta GmbH Offenbach
Listeneinkaufspreis			
– Rabatt			
= Zieleinkaufspreis			
– Skonto			
= Bareinkaufspreis			
+ Bezugskosten Transport Verpackung			
= Bezugs- oder Einstandspreis			

Autohaus Fiedler

Industriestraße 45
60456 Frankfurt

Autohaus Fiedler GmbH, Industriestraße 45, 60456 Frankfurt

_____

_____

_____

Ihr Zeichen, Ihre Nachricht vom	Unser Zeichen, unsere Nachricht vom	Telefon, Name	Datum

4. Nicht allein der Bezugspreis kann ausschlaggebend für die Auswahl eines Lieferers sein. Vielmehr spielen weitere Kriterien eine Rolle. Über die bisherigen Lieferer Alpha KG und Gamma GmbH wurden folgende Bewertungen festgehalten:

Lieferer Bewertungen:
Alpha KG ist in der Lage kurzfristig zu liefern, Qualität der Ware nicht immer zufriedenstellend, schleppende Behandlung von Mängelrügen

Mit Gamma GmbH besteht eine lange Geschäftsbeziehung, relativ lange Lieferzeiten, die aber zuverlässig eingehalten werden, weist auf neue Produkte hin und berät gut, problemlose Behandlung von Mängelrügen

Über den neuen Lieferer Delta GmbH gibt es natürlich noch keine Erfahrungen. Er kann deshalb in einen qualitativen Angebotsvergleich nicht mit einbezogen werden.

Führen Sie für die Lieferer Alpha KG und Gamma GmbH mithilfe der folgenden **Bewertungstabelle** einen **qualitativen Angebotsvergleich** durch.

Lieferer		Alpha KG		Gamma GmbH	
Auswahlkriterien	Gewichtungs-faktoren	Bewertung	Punkte (gewichtet)	Bewertung	Punkte (gewichtet)
Qualität der Ware					
Zuverlässigkeit					
Lieferzeit					
Service					
Zahlungsbedingungen					
Summe	100				

(Bewertungsskala: 1 = schlecht, 2 = mittel, 3 = sehr gut)

Bildquellenverzeichnis

ABUS Kransysteme GmbH, Gummersbach: S. 86 (alle)

ADAC e. V., München: S. 148

ALFOTEC GmbH, www.alfotec.com: S. 84.4

Beuth Verlag GmbH, Berlin: S. 118 (alle)

BG BAU – Berufsgenossenschaft der Bauwirtschaft, Berlin: S. 169.1

BITO-Lagertechnik, Bittmann GmbH, Meisenheim: S. 35.3, 36, 37, 38, 40.1–2, 41.1–3, 42.1–3, 43, 47.1–2, 48.1–2

BLUME-ROLLEN GMBH, Radevormwald: S. 84.2–3

Angelika Brauner, Hohenpeißenberg/Bildungsverlag EINS GmbH, Köln: S. 141, 199 (alle)

Bundesministerium für Verkehr, Bau und Stadtentwicklung, Bonn: S. 202

Elisabeth Galas, Bad Breisig/Bildungsverlag EINS GmbH, Köln: S. 149, 152

fotolia.com, New York: S. 12 (mopsgrafik), 16 (Christian Stol), 19 und 22 (Michael Shake), 23 (Christian Stoll), 113 (rémy vallée), 130.1 (Bruder), 130.4 (pinkpueblo), 132 (eyetronic), 136 (Scanrail), 138 (thomaslerchphoto), 140 (crevis), 142 (Serg Nvns), 230 (Vasilis Akoinoglou)

iStockphoto.com, Calgary: 130.2 (grimgram), 130.3 (azzzya)

Jungheinrich AG, Hamburg: S. 85 (alle)

NERAK GmbH Fördertechnik, Hambühren: S. 84.6

OKS Group, New Delhi: S. 35.1–35.2, 39, 52, 193 (alle), 198

Ratioform Verpackungen GmbH, Pliening: S. 128.1–2 und 128.4–6

shutterstock.com, New York: S. 130.5 (Macrovector)

stock.adobe.com, Dublin: S. 235 (DS-Visionen)

Strapex GmbH, Holzgerlingen: S. 128.3

Thürlings Verpackungsmaschinen GmbH, Viersen: S. 84.1

TÜV Rheinland LGA Products GmbH, Köln: S. 170.5

WS-Anlagenbau GmbH, Borgholzhausen: S. 84.5

Umschlagfoto: Fotolia (Kelvin Cantlon)